海上絲綢之路基本文獻叢書

行朝録

〔清〕黄宗羲 撰

文物出版社

圖書在版編目（CIP）數據

行朝録 /（清）黄宗羲撰. -- 北京 : 文物出版社，2023.3
（海上絲綢之路基本文獻叢書）
ISBN 978-7-5010-7922-3

Ⅰ. ①行… Ⅱ. ①黄… Ⅲ. ①中國歷史－南明－史料 Ⅳ. ①K248.406

中國國家版本館 CIP 數據核字（2023）第 026225 號

海上絲綢之路基本文獻叢書
行朝録

撰　　者：〔清〕黄宗羲
策　　劃：盛世博閱（北京）文化有限責任公司

封面設計：鞏榮彪
責任編輯：劉永海
責任印製：王　芳

出版發行：文物出版社
社　　址：北京市東城區東直門内北小街 2 號樓
郵　　編：100007
網　　址：http://www.wenwu.com
經　　銷：新華書店
印　　刷：河北賽文印刷有限公司
開　　本：787mm×1092mm　1/16
印　　張：15.75
版　　次：2023 年 3 月第 1 版
印　　次：2023 年 3 月第 1 次印刷
書　　號：ISBN 978-7-5010-7922-3
定　　價：98.00 圓

總緒

海上絲綢之路，一般意義上是指從秦漢至鴉片戰争前中國與世界進行政治、經濟、文化交流的海上通道，主要分爲經由黄海、東海的海路最終抵達日本列島及朝鮮半島的東海航綫和以徐聞、合浦、廣州、泉州爲起點通往東南亞及印度洋地區的南海航綫。

在中國古代文獻中，最早、最詳細記載『海上絲綢之路』航綫的是東漢班固的《漢書·地理志》，詳細記載了西漢黄門譯長率領應募者入海『齎黄金雜繒而往』之事，書中所出現的地理記載與東南亞地區相關，并與實際的地理狀况基本相符。

東漢後，中國進入魏晋南北朝長達三百多年的分裂割據時期，絲路上的交往也走向低谷。這一時期的絲路交往，以法顯的西行最爲著名。法顯作爲從陸路西行到印度，再由海路回國的第一人，根據親身經歷所寫的《佛國記》（又稱《法顯傳》）一書，詳細介紹了古代中亞和印度、巴基斯坦、斯里蘭卡等地的歷史及風土人情，是瞭解和研究海陸絲綢之路的珍貴歷史資料。

隨着隋唐的統一，中國經濟重心的南移，中國與西方交通以海路爲主，海上絲綢之路進入大發展時期。廣州成爲唐朝最大的海外貿易中心，朝廷設立市舶司，專門管理海外貿易。唐代著名的地理學家賈耽（七三〇～八〇五年）的《皇華四達記》記載了從廣州通往阿拉伯地區的海上交通『廣州通海夷道』，詳述了從廣州港出發，經越南、馬來半島、蘇門答臘島至印度、錫蘭，直至波斯灣沿岸各國的航綫及沿途地區的方位、名稱、島礁、山川、民俗等。譯經大師義净西行求法，將沿途見聞寫成著作《大唐西域求法高僧傳》，詳細記載了海上絲綢之路的發展變化，是我們瞭解絲綢之路不可多得的第一手資料。

宋代的造船技術和航海技術顯著提高，指南針廣泛應用於航海，中國商船的遠航能力大大提升。北宋徐兢的《宣和奉使高麗圖經》詳細記述了船舶製造、海洋地理和往來航綫，是研究宋代海外交通史、中朝友好關係史、中朝經濟文化交流史的重要文獻。南宋趙汝适《諸蕃志》記載，南海有五十三個國家和地區與南宋通商貿易，形成了通往日本、高麗、東南亞、印度、波斯、阿拉伯等地的『海上絲綢之路』。宋代爲了加强商貿往來，於北宋神宗元豐三年（一〇八〇年）頒布了中國歷史上第一部海洋貿易管理條例《廣州市舶條法》，并稱爲宋代貿易管理的制度範本。

元朝在經濟上採用重商主義政策，鼓勵海外貿易，中國與世界的聯繫與交往非常頻繁，其中馬可·波羅、伊本·白圖泰等旅行家來到中國，留下了大量的旅行記，記録元代海上絲綢之路的盛况。元代的汪大淵兩次出海，撰寫出《島夷志略》一書，記録了二百多個國名和地名，其中不少首次見於中國著録，涉及的地理範圍東至菲律賓群島，西至非洲。這些都反映了元朝時中西經濟文化交流的豐富内容。

明、清政府先後多次實施海禁政策，海上絲綢之路的貿易逐漸衰落。但是從明永樂三年至明宣德八年的二十八年裏，鄭和率船隊七下西洋，先後到達的國家多達三十多個，在進行經貿交流的同時，也極大地促進了中外文化的交流，這些都詳見於《西洋蕃國志》《星槎勝覽》《瀛涯勝覽》等典籍中。

關於海上絲綢之路的文獻記述，除上述官員、學者、求法或傳教高僧以及旅行者的著作外，自《漢書》之後，歷代正史大都列有《地理志》《四夷傳》《西域傳》《外國傳》《蠻夷傳》《屬國傳》等篇章，加上唐宋以來衆多的典制類文獻、地方史志文獻，集中反映了歷代王朝對於周邊部族、政權以及西方世界的認識，都是關於海上絲綢之路的原始史料性文獻。

海上絲綢之路概念的形成，經歷了一個演變的過程。十九世紀七十年代德國地理學家費迪南・馮・李希霍芬（Ferdinad Von Richthofen，一八三三～一九〇五），在其《中國：親身旅行和研究成果》第三卷中首次把輸出中國絲綢的東西陸路稱爲『絲綢之路』。有『歐洲漢學泰斗』之稱的法國漢學家沙畹（Édouard Chavannes，一八六五～一九一八），在其一九〇三年著作的《西突厥史料》中提出『絲路有海陸兩道』，蘊涵了海上絲綢之路最初提法。迄今發現最早正式提出『海上絲綢之路』一詞的是日本考古學家三杉隆敏，他在一九六七年出版《中國瓷器之旅：探索海上的絲綢之路》中首次使用『海上絲綢之路』一詞；一九七九年三杉隆敏又出版了《海上絲綢之路》一書，其立意和出發點局限在東西方之間的陶瓷貿易與交流史。

二十世紀八十年代以來，在海外交通史研究中，『海上絲綢之路』一詞逐漸成爲中外學術界廣泛接受的概念。根據姚楠等人研究，饒宗頤先生是中國學者中最早提出『海上絲綢之路』的人，他的《海道之絲路與昆侖舶》正式提出『海上絲路』的稱謂。選堂先生評價海上絲綢之路是外交、貿易和文化交流作用的通道。此後，學者馮蔚然在一九七八年編寫的《航運史話》中，也使用了『海上絲綢之路』一詞，此書更多地限於航海活動領域的考察。一九八〇年北京大學陳炎教授提出『海上絲綢之路』研究，并於一九八一年發表《略論海上絲綢之路》一文。他對海上絲綢之路的理解超越以往，且帶有濃厚的愛國主義思想。陳炎教授之後，從事研究海上絲綢之路的學者越來越多，尤其沿海港口城市向聯合國申請海上絲綢之路非物質文化遺産活動，將海上絲綢之路研究推向新高潮。另外，國家把建設『絲綢之路經濟帶』和『二十一世紀海上絲綢之路』作爲對外發展方針，將這一學術課題提升爲國家願景的高度，使海上絲綢之路形成超越學術進入政經層面的熱潮。

與海上絲綢之路學的萬千氣象相對應，海上絲綢之路文獻的整理工作仍顯滯後，遠遠跟不上突飛猛進的研究進展。二〇一八年厦門大學、中山大學等單位聯合發起『海上絲綢之路文獻集成』專案，尚在醖釀當中。我們不揣淺陋，深入調查，廣泛搜集，將有關海上絲綢之路的原始史料文獻和研究文獻，分爲風俗物産、雜史筆記、海防海事、典章檔案等六個類别，彙編成《海上絲綢之路歷史文化叢書》，於二〇二〇年影印出版。此輯面市以來，深受各大圖書館及相關研究者好評。爲讓更多的讀者親近古籍文獻，我們遴選出前編中的菁華，彙編成《海上絲綢之路基本文獻叢書》，以單行本影印出版，以饗讀者，以期爲讀者展現出一幅幅中外經濟文化交流的精美畫卷，爲海上絲綢之路的研究提供歷史借鑒，爲『二十一世紀海上絲綢之路』倡議構想的實踐做好歷史的詮釋和注脚，從而達到『以史爲鑒』『古爲今用』的目的。

凡例

一、本編注重史料的珍稀性，從《海上絲綢之路歷史文化叢書》中遴選出菁華，擬出版數百册單行本。

二、本編所選之文獻，其編纂的年代下限至一九四九年。

三、本編排序無嚴格定式，所選之文獻篇幅以二百餘頁爲宜，以便讀者閱讀使用。

四、本編所選文獻，每種前皆注明版本、著者。

五、本編文獻皆爲影印，原始文本掃描之後經過修復處理，仍存原式，少數文獻由於原始底本欠佳，略有模糊之處，不影響閱讀使用。

六、本編原始底本非一時一地之出版物，原書裝幀、開本多有不同，本書彙編之後，統一爲十六開右翻本。

目録

行朝録

行朝録

十二卷附末一卷

〔清〕黄宗羲 撰

清光緒十九年徐氏鑄學齋刻《紹興先正遺書》本

序

唐末黃巢逼潼關士子應舉者方流連曲中以待試其爲詩云與君同訪洞中僊新月如眉拂戶前領取嫦娥攀取桂任從陵谷一時遷中土時文之士大抵無心肝如此豈知海外一二遺老孤臣心懸落日血濺鯨波其魂魄不肎遽爲冷風野馬者尚有此等人物乎向在海外得交諸君子頗欲有所論著旋念始末未備以俟他日搜尋零落荏苒三十載義熙以後之人各言其世而某之所憶亦忘失大半鄧光薦塡海錄不出世惟太史氏之言是信此聊爾談其可已夫左副都御史餘姚黃宗羲梨洲氏書

行朝錄目

越中徐氏刻本

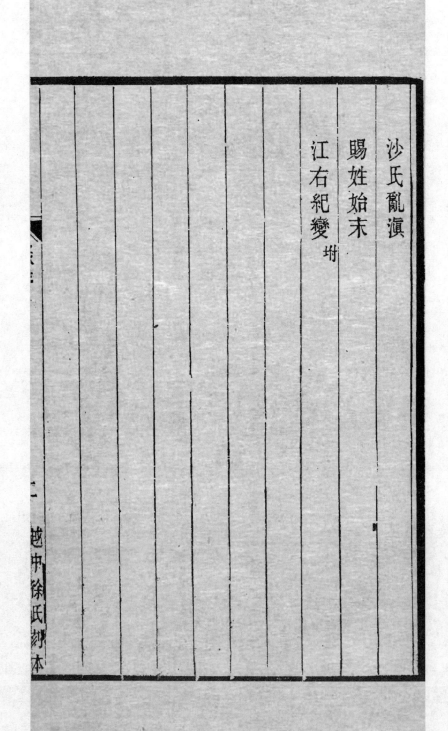

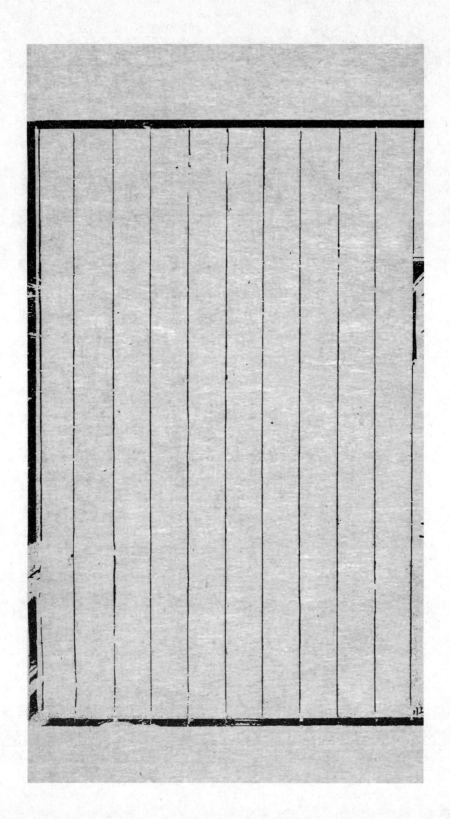

行朝錄卷一

餘姚黃宗羲

隆武紀年

思文皇帝（又稱昭宗襄皇帝）諱聿鍵小字長壽太祖高皇帝九世孫也父義封於河南南陽府以唐藩世子追封裕王母毛氏帝生三歲祖端王惑於嬖妾四世子承奉所帝亦從之稍長讀書即能識大義雖處患難而志氣不挫年二十八尚未請名世子爲其弟毒死端王諱之將傳國於次子分守道陳奇瑜入弔謂王曰世子薨逝不明若又不立其子事必發覺王懼始爲帝請名立爲世孫王薨

崇禎五年壬申帝年三十一襲王位選妃曾氏諸生文彦女

七年甲戌流寇披猖南陽當其衝顧其城庳薄帝捐千金脩築太守陳振豪弗授工帝以爲言毅宗怒逮振豪置理帝援潞王近事乞增兵三千人設參將一員以陳永福充之不許

八年乙亥冬賊再犯南陽上疏臣府護衛一千二百人近制以其半爲汴梁班軍給撫臣以下役使無謂惟明詔念臣困阨以全軍見還毅宗報之曰南陽番直班軍祖制已久朕不敢變時毅宗欲行宗室換授之法陳子壯署禮部事執不可帝貽書子壯相駁難其書稱說典制援據經傳皆

有原本廷臣顧弗及知特以諸侯王尙氣持異同而已毅宗尋下子壯於獄衆口惜子壯者輒以尤帝帝亦薄公卿爲不足重而爭宗藩體統劾總督盧象昇不朝其所建請繁多廷臣交惡而意忌之

九年丙子八月京師戒嚴帝率衛軍勤王又殺其兩叔汝南道周以典止之不聽至裕州巡按御史楊繩武以聞旨下切責會前鋒偪寇亡其內豎二人乃返國十一月下禮部議給事中馮可賓鍾玠議廢爲庶人安置鳳陽高牆押發官同知張有度欲以檻車行帝自裁不殊至鳳陽守陵奄人索賄不得墩鎖以困苦之帝不勝其辱病幾殆曾妃割

股以進始愈有司廩祿不時資用乏絕時有望氣者以高牆中有天子氣言於淮撫路振飛假賑罪宗入牆見帝心獨異之帝告以吏虐狀振飛上疏請加恩罪宗贍以私財且譴吏之無狀者石應詔伏法

十七年甲申五月宏光登極大赦帝出高牆（或云赦出封南陽王）遣官送寓廣西道杭州而南都陷

元年乙酉帝勸潞王監國三日潞王出降時靖虜伯鄭鴻逵自京口戶部主事蘇觀生自南都胥會於杭遂奉帝入閩

閏六月七日監國二十七日卯時祭告天地祖宗即皇帝位於福州南郊建行在太廟社稷以福建省爲福京福州府

爲天興府布政司爲行在大明門立妃曾氏爲皇后大赦
天下改是年七月一日以後爲隆武元年
遙上宏光尊號曰聖安皇帝稱思宗
進封靖虜伯鄭鴻逵爲靖虜侯南安伯鄭芝龍爲平虜侯並
賜號奉天翊運中興宣力定難守正功臣以黃道周爲少
保吏部尚書兼武英殿大學士蘇觀生爲禮部右侍郎張
肎堂太子少保吏部尚書吳春枝兵部右侍郎兼右副都
御史並賜號奉天翊運中興宣猷守正文臣各官陞賞有
差又賜鄭森芝龍子姓曰朱賜名成功總督禁旅以駙馬體
統行事

開儲賢館定十二科取士以蘇觀生領之既而招徠者多狹
邪之士上亦厭而罷之
鄭芝龍掌戸兵工三部尚書奏軍興餉急請兩稅內一石預
借銀一兩民不樂從反慫恿正供每府差侍郎科道徵發以
浦城訓導王兆熊爲吏部主事兼御史管義餉兆熊沿門
搜括不輸者榜其門爲不義於是閭里騷然芝龍又請淸
理寺田可得八十萬上不聽
署戸部侍郎李長倩請開事例從之
自黃道周而外凡有聲望者何吾騶蔣德璟黃景昉朱繼祚
林欲楫姜曰廣吳甡高鴻圖路振飛蘇觀生曾櫻陳奇瑜

鄭三俊熊開元黄士俊顧錫疇陳子壯皆爲大學士然多遥授不至者其後又以林增志李光春同入閣辦事舊輔傅冠入朝自請恢勦江右上從之已而遷延邵武爲諫官所劾而罷

上賜宴大臣鄭芝龍以侯爵位宰相上首輔黄道周謂祖制武職無班文官右者相與爭執終先道周而芝龍怏怏不悦諸生佞芝龍者上疏言道周迂腐無能不可居相位上敕督學御史扶之

初鄭芝龍鴻逵自恃援立之功汲引姻婭要地清流口授上前如吏科給事中朱作楫戶部主事葉正發皆門下吏人

也其後上不盡從遂懷怨望及郊天於南臺皆稱疾不出
戸部尚書何楷劾之言朝廷大典莫過郊天而二勳不出
陪祭無人臣禮上賞其風裁令掌都察院事已而鴻逵扇
於殿上楷呵止之二鄭益怒楷知不爲二鄭所容請告再
三上欲兩全之暫予回籍諭以收復南京卽召總憲楷至
中途遇盜截其一耳蓋芝龍使其部曲楊耿爲之也
蘇觀生請上幸贛州親率六軍以張撻伐鄭氏方欲挾帝以
自重議久不決觀生遂先赴南安上親祖於殿門
以天興府學爲國子監上親幸學祭酒賴垓進講三品以上
官坐聽其餘皆立侍圜橋觀者濟濟

九月總督丁魁楚獻桂林之捷先是靖江王亨嘉僭號攺桂林爲西京封楊國威等爲公侯發兵至梧州執巡撫瞿式耜以去據有郡邑將逼廣東魁楚拒之靖江兵戰敗圍桂林破之俘亨嘉及其臣顧奕楊國威等至福京而式耜照舊巡撫桂林上命楚淮諸王會議廢亨嘉爲庶人幽之別室尋病死顧奕等皆棄市會冊封桂王并封魁楚平粤伯

上欲不次用人以鎮江諸生錢邦芑爲御史熊開元執不可

上不聽已而邦芑議開元開元罷去

上以王期昇爲總憲彭遇颽僉都御史路振飛曾櫻封還內降上曰方今多事用人必欲循常調非休休之度振飛言

遇颶新進士降賊而南乞憐馬士英巡按浙江搜括民財至於激變期昇在太湖奉簡州知州朱盛徵係宗室始稱通城王繼稱皇帝賣官奪女兩山百姓不容故爾逃來非臣等之私隙也上乃罷二人

二十四日徽州陷右僉都御史金聲被執至南京而死

十月黃道周見鄭氏偷安殊無經畧中原之志自請出關芝龍不與一兵道周以忠義激發旬月之間義師頗集親書告身獎語給爲功賞得之者榮於誥勅然皆未練之兵不能應敵至有傖軍鋤耰棘矜以隨其後者名肩擔兵從廣信抵衢州婺源令某道周之門人也馳書誘道周許爲內

應道周信之至明堂里北師猝至遂爲北帥長天祿所執殉節於南京事聞賜謚忠烈自道周出師後何吾騶自廣東至用爲首輔賜銀章曰輔佐中興

上親征以唐鄧二王監國鄭芝龍留守料理兵餉鄭鴻逵爲御營左先鋒出浙江鄭彩爲御營右先鋒出江西築臺西郊擇吉日親行推轂禮鴻逵出城馬蹶仆地及上誓師方授鉞而大風忽起旗幟披靡天帝高皇帝前燭滅三軍莫不失色

十二月六日上發福京二十八日駐蹕建寧府

二年丙戌正月己酉朔上不受朝賀以三大罪自責布衣蔬

食臣下各戴罪

馬金嶺兵變命路振飛至浦城安撫

海外交趾日本皆遣使入貢

廣東布政使湯來賀運粵餉十萬由海道至擢兵部右侍郎

督師江右御史艾南英言來賀奸險小人周鍾自北逃回

來賀匿之揚署且解餉之任指揮僚佐所優爲豈曰能賢

遽膺顯擢何以示後上不聽

邵武推官朱健行部近邑訛言北師至倉猝返郡夜半出其

孥帑知府吳炆煒繼之百姓爭門走死而實未嘗有兵也

健無以自解揭炆煒倡逃并其平日貪狀炆煒亦揭健時

建陽知縣施爊亦以貪酷被劾上方恨貪官之失民心也欲以高皇帝之法行之炆煒爊皆斬健紱輔臣勳臣以下申救終不能回

馬士英叩關來朝上數其罪不許論守關官兵毋納士英士英前後七疏列件自理上命付史館存案以俟公論

浙江監國魯王遣柯夏卿曹維才來聘上加夏卿兵部尚書維才光祿寺少卿手書謂朕無子王爲皇太姪同心戮力共拜孝陵朕有天下終致於王取浙東所用職官同列朝籍不分彼此尋遣僉都御史陸清源解餉十萬給浙東清源散餉不平兵譁而遁或曰馬士英使之也

廣西撫按報一僧自稱宏光謂黃得功營中所獲者非眞也
上召九卿科道議迎請羣臣曰卽眞宏光甫經失國有辱
奉而無迎請撫按續報有侍宏光者驗之果僞下獄究之
妄人假託以惑衆
三月二十四日吉安陷
四月撫州陷初汀邵閒有大帽山洞蠻最强王師屢征不服
永甯王某誘之出降與北兵屢戰屢捷因復撫州北兵圍
撫鄭彩軍屯廣信永甯王請救其監軍給事中張家玉以
三營往撫圍暫解已而復合彩遂棄廣信入關撫州復陷
永甯王死之洞蠻亦散上聞削彩爵帶罪立功

闖賊李自成爲通城九宫山民擊死其四十八部無所歸楚督何騰蛟遣長沙知府周二南迎之未至中流矢死賊帥欲得騰蛟親至乃降騰蛟聞即往賊帥皆驚喜下拜至軍前聽用一時驟增兵馬數萬上喜告太廟封騰蛟定興侯進兼東閣太學士降帥皆授總兵官李錦賜名李赤心（賊號一隻虎）自成妻高氏弟賜名高必正號爲忠貞營已因湖南糧不給降者稍稍解去李高十三部散入施州衛因糧歇馬其郝搖旗（改名永忠）馬進忠王進才張光翠袁應第牛萬才張先璧等十餘營悉隸騰蛟麾下受節制

泉人蔡鼎其爲人也多言李邁密疏薦其前知上辟爲軍師

所言事多不中鄭彩既敗回鼎請自試一戰而蹶逃回
上謂國家元氣之削由於靖難命禮臣追復建文年號立忠
臣方孝孺祠設姚廣孝像跪於階前
六月鄉試福省舊額中式二百一十七名特旨廣七十名錢
邦芑請一榜盡賜登科以成曠典繼因御史劉霖懋言凡
下第者俱聽覆試
鄭鴻逵久駐關外未嘗展一步有傳北兵至者鴻逵徒跣疾
行三日夜而抵浦城詢及後至者則兵譁也事聞上削其
封爵
鄭芝龍爲洪承疇所給唉以閩粵王爵凡關隘水陸之兵自

二月間俱已撤回浙東既潰北師入閩如無人之境守浦城御史鄭爲虹科臣黃大鵬死之

七月上生元子大赦覃恩從龍諸臣悉加封爵御史錢邦芑力言不可上不聽

二十五日上御朝據關上主事搜得閩中出關迎降書二百餘封命悉焚之諭諸臣改心易慮

八月仙霞關警報至上即於二十一日啟行上與中宮皆騎馬猶載書十餘扛以從二十七日上出奔汀州有十餘騎叩城曰扈蹕者開門納之則追騎也遂執上與曾后后至九龍潭投水上崩於福京或曰建寧代死者爲唐王聿釗

汀州代死者爲張致遠上實未死楊陞策刻帝與其從難之臣賴垓戊辰進士熊緯河南丙子解元癸未進士由行人陞給事中從駕汀州被獲於行宮外罵賊而死其後朱成功屯兵鼓浪嶼有遺使存問諸臣者云爲僭於五指山然亦莫必其眞僞也粵中立國上尊號曰思

文皇帝

史臣曰帝英才大畧不能鬱鬱安於無事在藩服之時已思撥亂而反之正及其遭逢患難磨礪愈堅兩京旣覆枕戈泣血勅斷葷酒後宮不滿三十人半係老嫗於世之嗜好淡如也性喜文詞手撰三詔見者無不流涕感動御製祖訓後序行在縉紳便覽序皆典雅可誦所

至訪求書籍親征亦載書數十乘故太祖命名詩於唐王位下有嘉歷協銘圖之句不可謂非天生之令主也論者徒見不能出關遂言其好作聰明自爲張大無帝王之度此以成敗而論也夫鄭氏以盜賊之智習海島無君之俗據有全閩始願已不及此旣無鞠躬盡瘁之忠難責以席捲天下之志謀身謀國兩者俱乖不亦宜乎帝之託於鄭氏所謂祭則寡人而已其一二心膂之臣所籍以經營恢復者如黃道周蘇觀生皆有儒者氣象未嘗非諸葛之亞也而束縛其手足使之不能一展其所長蛟龍受制於螻蟻可責其雷雨之功哉向使蜀

漢有竊命之雄諸葛不能發其一甲轉其斗粟則雖欲成三分之業亦豈可得乎故帝之亡天也勢也

行朝錄一

光緒十九年徐氏鑄學齋雕本
山陰薛炳校

行朝録卷二

餘姚黄宗羲

紹武之立

紹武皇帝諱聿鐭（鐭係英宗廟諱恐誤或云聿鐭）隆武皇帝第四弟也隆武改元封唐王以主唐祀閩敗浮海至廣州時大學士丁魁楚瞿式耜已奉桂王諱由榔監國於肇慶隆武大學士蘇觀生從贛入廣故與魁楚有隙以爲由隆武而言則宜及其弟乃與大學士何吾騶布政使顧元鏡在籍侍郎王應華於丙戌十一月癸卯朔請王監國使主事陳邦彦通好桂王

初五日王即皇帝位以廣州都司署爲行在改明年爲紹武元年自舊輔觀生吾騶而外顧元鏡王應華皆爲東閣大學士以軍國事專屬觀生

陳邦彥至肇慶桂王見於舟中皇太妃垂簾丁魁楚侍立言戰與平孰便邦彥曰天潢之序固應屬王何平之有以言乎戰外患方殷寧可尋蹤譚尙貽笑千古不如早正大位以屬人心魁楚然之遂以其月十八日桂王即位加邦彥兵科給事中齎詔至廣州邦彥至而唐王已正位號遂不敢入而以詔致觀生觀生頗不自安已而桂王命總督林佳鼎武靖伯李明忠領兵至三水帝使督師陳際泰非江西陳

扶禦之二十九日戰於城西唐兵大敗佳鼎兵晝夜兼行十二月二日遇唐兵於海口唐兵皆大艦乘東南風發火箭火球以焚桂舟桂兵登岸淖深三尺人馬陷全軍皆覆林佳鼎中砲死李明忠僅以數十騎免

唐桂方相持而北帥佟養甲李成棟自閩入廣潮惠皆開門降即用兩府印文移廣州報無警觀生泰然不爲備當是時廣州陸寇則有花山砦水寇則有石徐馬鄭謂之四姓兵觀生皆撫之爲用然桀驁不聽節制白晝殺人市中懸其腸於官府之門莫敢向問七門之外號令不行十五日北帥李成棟遂以十七騎疾趨廣州門者納之

帝方幸學閱射羣臣朝服行禮俄報北兵至觀生曰此妄言爲賊間者斬之既而洶洶猶以爲花山砦人未幾紅笠載道宿衞萬人倉卒不及集帝變服踰垣匿王應華家尋縋城走洛城里爲邏者所獲安置東察院成棟使人饋食帝不食曰吾若飲汝一勺水何以見先帝於地下自縊而崩觀生過吏科都給事中梁鍌問計鍌曰死耳觀生乃大書大明忠臣義士固當死九字於壁而縊死太僕寺卿霍子衡國子監司業梁朝鐘行人梁萬爵死之十八日殺諸王之在國者十六人何吾騶顧元鏡王應華皆降而元鏡尤醜

史臣曰唐桂之搆外懼方張又生內憂蘇觀生之罪又何逃焉然觀生受隆武特達之知其立紹武也與苟息之不食其言可以並稱矣豈僅僅修丁魁楚之隙哉若帝之從容遇難可以追配毅宗所謂亡國而不失其正者寧可以地之廣狹祚之修短而忽之乎

行朝錄二

光緒十九年徐氏鑄學齋雕本

山陰薛炳校

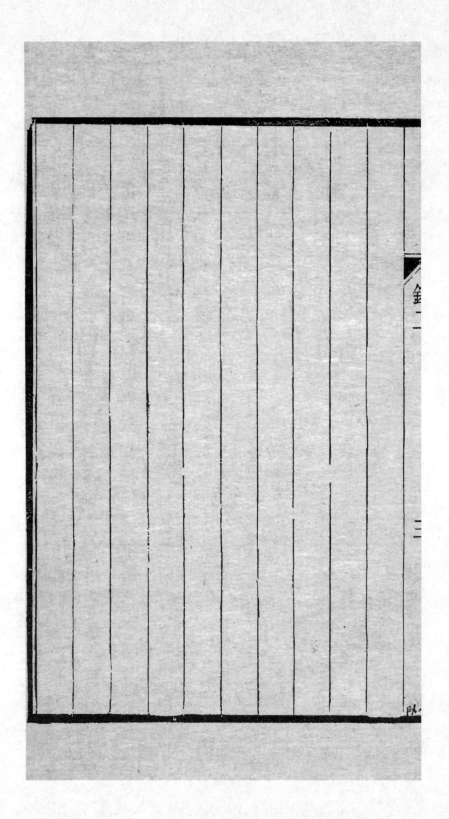

行朝錄卷三

餘姚黃宗羲

魯王監國　紀年上

監國魯王諱以海高皇帝十世孫也父王壽鏞崇禎十五年壬午北兵陷兖州自縊死

崇禎十七年甲申二月甲戌王嗣位北變後南下

南渡宏光元年四月命移江廣暫駐台州

五月十日宏光避位首輔馬士英以皇太后至杭州左都御史劉宗周曰士英亾國之罪不必言矣焉有身爲宰相棄天子挾母后而逃者當事既不能正名討賊國人曷不立

碎其首乎賈似道死於鄭虎臣亦不可得可歎也哉

時潞王監國（王諱常芳 隆慶之孫）劉宗周令分守甯紹台道于頴上疏請急誅馬士英不報宗周與頴書曰監國舉動全無足恃此等疏朝上即宜夕下何至四五日尚無進止明府不必候旨再具三疏申大義於天下而已亡何潞王降宗周旣絕食而死右僉都御史祁彪佳諸生王毓蓍潘集周卜年皆投水死浙東郡縣降附易置官吏

閏六月初九日餘姚攝印官發閭左爲馳道執扑以行役者而扶其不勉者役者反扶攝官建義旗閭中少年輟耕而從者數千人其明日而諸生鄭遵謙應之於紹興遵謙少

喜任俠不爲繩墨之士所禮闔人屈倘志逃至越遵謙箠殺之曰吾聞諸劉先生即宗周曰凡係逃官皆可誅也紹興守會稽令皆新署遵謙斬之而起召其故所知豪傑往時王期昇爲太守夢有持謁入者覺而記其姓殷以問推官陳子龍子龍曰亂兆矣此殆會稽守殷通也至是又明日而刑部員外郎錢肅樂應之於甯波時定帥王之仁已授降表肅樂大會縉紳士子於城隍廟召募義勇謝三賓陰致書之仁謂一二庸妄書生恐爲禍階須以公之兵威脅之之仁至甯陳兵教場受約於肅樂出書誦於壇上三賓戟手欲奪之之仁色變有爲三賓者使之任餉而止而兵

部尚書張國維已至台州與陳函輝宋之普柯夏卿共請
王出監國
即日移紹興以分守公署爲行在列兵江上分地戍守方國
安當七條沙王之仁當西興鄭遵謙當小亹孫嘉績熊汝
霖錢肅樂當瓜里
羣臣皆奉表勸進上曰孤之監國原非得已當俟拜孝陵後
徐議樂推未爲晚也固讓不許
以張國維朱大典宋之普爲東閣大學士國維督師江上大
典鎮守金華之普司票擬未幾起舊輔方逢年之普謝事
起章正宸爲左侍郎署吏部事李向春戸部尚書王思任

禮部尚書余煌兵部尚書張文都工部尚書陳函輝吏部
右侍郎加孫嘉績熊汝霖錢肅樂皆督師右僉都御史進
方國安鎮東侯封王之仁武寧侯
上皇太子號曰悼皇帝宏光帝曰赧皇帝潞王曰潞閔王
七月張國維復富陽命姚志卓守分水
江上之兵每日蓐食鳴鼓放船登陸搏戰未幾又復轉柁還
戍卒以爲常維熊汝霖以五百人渡海寧轉戰數日夜至
橋司士卒殘破畧盡乃還
當是時孫熊建義皆書生不知兵迎方王二帥拱手而讓之
國成凡原設營兵衛軍俱隸方王而召募之街卒田兒則

身領之方王既自專反惡孫熊之參決而分餉分地之議起分餉者以孫熊之師謂之義兵食義餉以方王之師謂之正兵食正餉正餉田賦所出義餉勸力無名之征也分地者某正兵支某邑正餉某義兵支某邑義餉也有旨會議方王司餉者皆至殿陛譁然戶部主事董守諭面奏分餉分地非也當以一切正供悉歸戶部覆兵而後給餉覆地而後酌給之先後所謂義餉者雖有其名不可爲繼戶部主事邵之詹議以紹興八邑各有義師專供本郡甯波專給王藩以金華歸朱閣部以五府歸方藩然方王終不可統計浙東錢糧六十餘萬兩藩自分義師或散或留聽

其自爲懲勸於是新安王兵散督師所領之營亦不過數百人而已

八月兵部尚書田仰從海道至留爲東閣大學士

十月壬辰北兵至方國安嚴陳以待張國維率步兵接應裨將王國斌趙天祥繼之北兵大敗追至草橋門下

隆武遣兵科給事中劉中藻頒詔於越張國維曰今日之事凡爲高皇帝子孫皆當同心戮力成功之後入關者王此時未可言上下也熊汝霖曰吾知奉主上不知其他皆不奉詔中藻廢然而返

十一月進方國安爲荆國公王之仁爲寧國公封鄭遵謙爲

義興伯上勞軍於江上駐蹕西興築壇拜國安命各營皆守節制時馬士英阮大鋮竄入方營欲朝見上不許下羣臣會議多言士英當誅熊汝霖曰此非殺士英時也正欲令其自贖耳兵部主事某曰非不當殺但不能殺耳然春秋之義孔子亦豈能殺陳恒固不可言不當殺也

十二月上回越城

以謝三賓爲禮部尚書尋入東閣

鑄大明通寶錢

兵部主事署餘姚縣事王正中進其所造監國魯元年大統歷

魯元年丙戌正月乙酉朔上在紹興
以柯夏卿曹維才爲使奉書閩中
二月張國柱掠餘姚其部曲張邦寧掠慈谿國柱者劉澤清之標將也航海至浙東依王鳴謙於定海國柱有弓箭手五百人其力足以制鳴謙乃刼之入內行朝震恐議以伯爵縻之某與孫嘉績裁量署爲勝虜將軍始返定海
總兵陳梧敗於檇李渡海掠餘姚之鄉聚王正中遣兵擊之鄉聚相犄角殺梧朝議罪正中某言梧之見殺犯衆怒也正中保守地方不當罪乃止
三月十九日毅宗大祥董守諭請輟朝哭臨三軍縞素一日

從之
北兵決壩放船入錢塘江張國維嚴飭各營守汎王之仁率
水師襲戰乘風碎北船數十隻鄭遵謙獲鐵甲八百餘副
四月王正中率師渡海鹽破澉浦城
五月加孫嘉績熊汝霖東閣大學士兩督師所將皆奇零殘
卒不能成軍嘉績以其兵盡付某某與王正中合師三千
人兩浙來受約者尚寶司卿朱大定太僕寺卿陳潛夫兵
部主事吳乃武查繼佐又數百人附之渡江劄譚山將取
海寧以江上兵潰而返
六月丙子朔兵潰時夏旱水涸有浴於江者徒步往返北兵

驅馬試之不及於腹數十騎過江而列戍驚擾走死不暇矣上由江門出海令保定伯毛有倫扈元妃世子由定海而出張國維陳函輝余煌王之仁皆死之方國安方逢年馬士英阮大鋮皆降從征福建方馬至半途伏誅大鋮未降之先同黨逆之馮銓已書其姓名屬之南征者懸內院之缺以待大鋮初降不知也其同邑潘應奎逆黨汝禎之子時爲委署杭嚴道名位下大鋮數等大鋮入謁應奎故作聲色欲斬之大鋮不覺屈膝既而示以銓之書大喜過仙霞嶺見雷縯祚索命墜馬折頸而死朱大典猶守金華不下北兵賦民間耕牛載砲集城下苗頭惟向一處晝夜不絕聲

城崩北騎隨烟而入大典自焚死居其城自金華陷而全閩無一矢之拒矣

史臣曰當義旗初建士民喟然有呑吳楚之氣方王肯受約束趨死不顧利害竟渡錢塘江此時北師之席未煖三吳豪傑尋聲而響臻未必不可與天下爭衡也某嘗與王之仁言公等不從赭山以下進師而攻其有備意蓋在自守也蕞爾兩府以供十萬之衆卽北師坐視不發一矢一年之後亦漇地無類矣之仁韙其言而不能用日與兩督師爭長短一死不足贖也

行朝錄三

光緒十九年徐氏鑄學齋雕本

山陰薛炳校

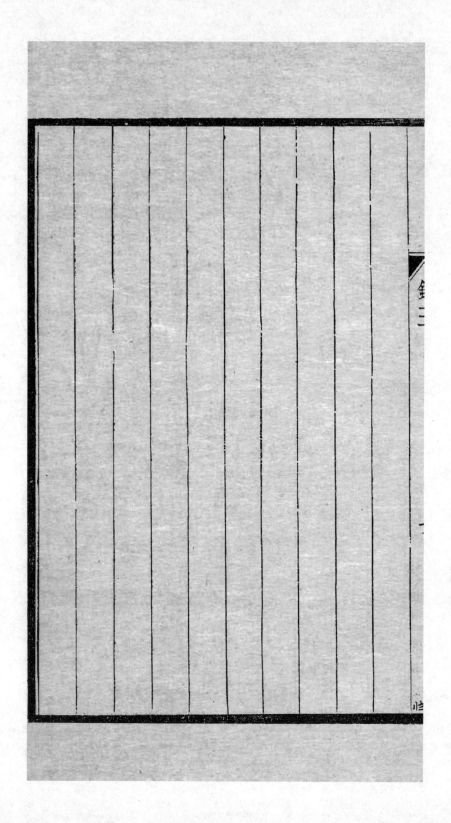

行朝錄卷四

魯王監國紀年下

餘姚黃宗羲

監國魯元年丙戌六月丙子朔浙江兵潰上發紹興富平將軍張名振棄石浦以舟師扈上出海投肅虜伯黃斌卿於舟山斌卿不納飄泊外洋保定伯毛有倫扈張妃世子至定海爲叛將張國柱刼去會永勝伯鄭彩至舟山遂奉上入閩

十月丁酉上發舟山

十一月丙寅上次中左所（卽廈門）時鄭芝龍方降北令彩執上

以降彩不可匿上而以南夷貌類上者服上冠服居舟中謂守者曰苟事急則縊死以示之北人挾芝龍去乃已芝龍之子鄭森思文帝賜姓氏曰朱成功不肯隨父復建義於海上而以中左所爲營然亦不欲奉上改明年爲隆武三年於是鄭彩奉上改次長垣以明年爲魯監國二年海上遂有二朔

二年丁亥正月癸卯朔上在長垣熊汝霖爲相

辛未上禡牙出師提督楊耿總兵鄭聯皆以兵來會

進鄭彩爲建國公張名振爲定西侯楊耿爲同安伯鄭聯爲定遠伯周瑞爲閩安伯周崔芝爲平夷伯阮進爲蕩胡伯

周崔芝復海口以參謀林籥舞總兵趙牧守之

二月壬申朔克海澄明日攻漳平失利又明日北師救海澄南師退入於海丙子克漳浦以閩人洪有文爲令五日而陷有文死之

鄖西王某復建甯其裨將王祁復邵武祁營山中取民間几卓數百張每張懸火線數十炷黑夜順流環城而過守者謂祁兵薄城砲箭交下遲明方知其僞守者習之不疑一日祁至遂破

四月海口陷林籥舞趙牧皆死之周崔芝兵退保火燒嶴

六月攻漳州南師失利

七月上親征次長垣會鄭彩周瑞周崔芝阮進之師攻福州
敗績
八月丙戌克連江
十月長樂永福閩清皆下羅源知縣朱丕承寧德知縣錢楷
皆以城降
以馬思理爲東閣大學士林正亨戶部尚書錢肅樂兵部尚
書沈宸荃工部尚書劉沂春右副都御史吳鍾巒通政使
司通政使余颺左都御史林嵋吏科給事中黃岳吏部考
功司郎中
大學士劉中藻起兵福安攻福寧州將破其帥涂登華欲降

弟謂人曰豈有海上天子船中相公錢肅樂致書謂將軍獨不聞有宋末年二王不在海上文陸不在舟中乎後世卒以正統歸之而況不爲宋末者乎今將軍死守孤城以言乎忠義則非其主也以言乎保身則非其策也依沸鼎以稱安巢危林而自得計之左矣登華得書遂降

辛未鄧藩審理陳世亨以一旅復安固援兵不繼被執罵賊而死

吏部文選司主事林垐兵部左侍郎林汝翥攻福清兵敗皆死之垐不避矢石日暮敵衝其營被殺汝翥被執北人欲降之不屈除夕服金屑死初垐於隆武朝主銓政曰此潤

色太平之事顧今日之所急耶乃罷去募兵數千人爲鄭
芝龍所阻不得志復散兵入山制棺一具布衣一襲書大
明孤臣之柩以待死聞上至而起兵
禮部尚書兼通政司吳鍾巒申明職掌言遠近章奏武臣則
自稱將軍都督文臣則稱都御史侍郎三品以下不討江
湖游手之徒則又假造符璽販鬻官爵偃卧邱園而云聯
師齊楚保守妻子而云聚兵數萬請加嚴核募兵起義者
則當問其册籍花名原任職官者則當辨其勅書劄付上
是之
三年戊子正月丁酉朔上在閩安鎮

同安伯楊耿大學士朱繼祚攻興化克之興化分守道彭遇颽故宏光時之御史也令其守將出戰而登陴立大明赤幟守將不敢入

癸丑鄭彩殺大學士熊汝霖及義興侯鄭遵謙汝霖票擬每右瑞而左彩彩積恨之已而鄭彩與遵謙交惡上次閩安從亡諸臣之室俱保琅琦李茂者彩之裨將也汝霖奴子與之爭口元夕汝霖自上所歸休熊鄭兩家籍瑱相問遺李茂以熊鄭合謀奔告汝霖遂爲所害彩以遵謙同姓弟畜之使領陸兵於牛田鄭氏故以商舶爲業遵謙強取二舶貲萬計由此交惡汝霖見殺遵謙復不祕其辭也彩乃

詐扑部將吴輝輝扶傷就謙求書投鴻逵遵謙過輝船送之被擒輝既擒遵謙而難於面之伏艙底不出謙呼曰汝鄭彩厮養殺我豈出汝意而相避乎輝出遵謙乞隻雞盂黍哭奠汝霖既畢蹈海死謙之妾金四姐者故娼也嘗笞殺其婢王氏下于獄遵謙以千金出之遵謙死金四姐束藁象彩每饋食斬象入以侑哭彩聞沉之於海中

二月以錢肅樂爲東閣大學士

北帥郭天才來降江西金聲桓遣天才援閩與巡撫佟養鼐有隙故降封爲忠勤伯

三月興化陷吏科給事中林嵋自縊與泉守道楊棨緋衣坐

堂上遇害
莆田陷大學士朱繼祚知縣都廷諫死之
永福陷兵科給事中郭正畿賦絶命詞投水死御史林逢經
亦投水死
長樂陷御史王思服服毒妻李氏同死
建寧陷王祁巷戰自焚死
上在閩中先後復三府一州一十七縣北調江廣兩浙之兵
來救所復州縣皆陷至是僅留寧德福安二城
六月戊戌大學士錢肅樂卒初涂登華以福寧州降鄭彩受
之然福寧危而後安降由於劉中藻故幕府立焉彩反掠

其地肅樂與中藻書每不直彩彩聞之恨甚肅樂故有血
疾亦念其恨也疾動而卒
十月大學士馬思理卒
以沈宸荃劉沂春爲東閣大學士
四年己丑正月辛酉朔上次沙埕
三月寧德陷
四月福安陷大學士劉中藻死之中藻在福安北師前後來
攻所殺傷數千人北師乃循城十里掘濠樹柵圍之中藻
不得出戰食盡爲文自祭吞金死部將董世南等同死者
數百人

六月召張名振復建跳所

七月壬戌上次建跳闔地盡陷鄭彩亦遂棄上而去名振逆之至浙從亡者爲大學士沈宸荃劉沂春禮部尚書吳鍾巒兵部尚書李向中兵部侍郎孫延齡左副都御史某兵部職方司郎中朱養時戶部主事林瑛每日朝於水殿而吳鍾巒飄泊所至試其士之秀者入學率之見上襴衫巾條拜起秩秩

壬午北師圍建跳蕩胡伯阮進率其樓船數百至金鼓動天北師解去

封王朝先爲平西伯朝先初同張國柱王之仁出海黃斌卿

留之部下不任以事朝先故土司調征塞上累立戰功不肯鬱鬱居閒請循邊海至奉化之鹿頸四五月而聚兵數千邊海爲之出賦

八月壬辰世子生

九月丁酉張名振阮進王朝先共殺黄斌卿建跳之食阮進以百艘泊舟山告急斌卿不應亦不使人至建跳奔問官守於是合攻舟山斌卿與其二女赴水死

十月己巳上駐蹕舟山

劉沂春還閩以張肎堂爲東閣大學士朱永佑吏部侍郎孫延齡戸部尚書

五年庚寅正月乙卯朔上在舟山

九月周瑞周崔芝樓船三百餘艘分屯溫之三盤以爲舟山犄角亡何瑞芝有隙上使武陵八胡明中往解之明中至三盤搆之益甚瑞遂南依鄭彩芝亦北依阮進彩與朱成功爭中左所彩大敗泊沙埕具表請援芝進既怨彩瑞而名振欲結歡於成功反擊破彩之餘兵

十月辛巳朔日有食之

六年辛卯正月己卯朔上在舟山

二月乙卯張名振殺王朝先當黃斌卿之破也阮進收其水師朝先收其陸兵軍資甲仗一不以付名振嫌隙遂成鄭

彩之敗名振與進因而墮之朝先又不與合是時朝先居
守舟山名振治兵南田朝先不虞其見襲也士卒散遣民
舍名振猝至朝先手格十數人而死
台州分守道耿應衡遣奸細入舟山託於日者謂上之祿命
宜禳災星張名振設醮請上行香兵部郎中某上疏爭之
謂如此舉動使敵人聞之當日行朝無人矣
北師會攻行朝松江張天祿出澉關金華馬進寶出海門而
陳錦總督全師以出定海行朝聞之定西侯張名振英義
伯阮駿扈上發舟山泊道頭
八月辛酉北人試舟海口南師以三舟突陣獲樓船一隻戰

艦十餘馘十一人而縱之

丙寅天大霧北師悉抵螺頭門守隩者方覺先是阮進詣海門議和北欲誘之進以數船脫歸值北帥金礪之舟進以火球投礪風轉篷腳反擊進面創甚投水北人刺取之安洋將軍劉世勳都督張名揚統兵五百義勇數千背城力戰殺傷北師千餘人

九月丙子城陷北人相謂曰吾兵南下所不易拔者涇縣江陰合舟山而三耳思文帝嘗聞涇縣江陰之以守見屠也嘆曰吾家子孫遇此二縣三尺之童子亦當哀而敬之

大學士張肎堂蟒衣南面視其妾周氏方氏姜氏璧姐子婦

沈氏女孫茂滸皆縊死然後題詩自縊禮部尙書吳鍾巒
居普陀聞變曰吾從亡之臣當死行在渡海入城別肎堂
自縊於孔廟吏部侍郞朱永佑被執北帥令剃髮活之永
佑曰吾髮可削何待今日砍其脅死僕負屍出城流血沾
衣僕哭曰主生前好潔今無知耶血遂止兵部尙書李向
中居舟山城外北帥搆得之向中衰經翔武殺之通政使
鄭遵儉兵科給事中董志寧兵部郞中朱養時戸部主事
林瑛江用楫禮部主事董元兵部主事李開國朱萬年顧
珍工部主事顧宗堯中書舍人蘇兆人安洋將軍劉世勳
左都督張名揚工部所正戴仲明錦衣衛指揮王朝相內

監太監劉朝定西參謀顧明楫諸生林世英皆死之

七年壬辰正月癸酉朔定西侯張名振大學士沈宸荃兵部左侍郎張煌言扈上至中左所尋居金門沈宸荃艤舟南日山遭風失維不知所之

八年癸巳正月戊辰朔上在金門

三月上自去監國號

丁酉三月上在南澳

己亥六月上遣官致祭故光祿寺卿陳士京（後聞魯王爲鄭成功沈之海中）

史臣曰上自浙河失守以後雖復郡邑而以海水爲金湯舟楫爲宮殿陸處者惟舟山二年耳海船中最苦于

水侵晨洗沐不過一盞艙大周身穴而下兩人側臥仍葢所下之穴無異處於棺中也御舟稍大名河船其頂即爲朝房諸臣議事在焉落日狂濤君臣相對亂礁窮島衣冠聚談是故金鰲橋火零丁飄絮未罄其形容也有天下者以玆亡國之慘圖之殿壁可以得師矣

行朝錄四

光緒十九年徐氏鑄學齋雕本

山陰薛炳校

行朝錄卷五

餘姚黃宗羲

永歷紀年

永歷皇帝諱由榔端王常瀛第四子神宗之孫也崇禎十七年甲申十一月端王薨隆武元年乙酉封上爲桂王其詔有天下者王之天下語福京不守兩廣總督丁魁楚廣西巡撫瞿式耜以二年丙戌十月初九日奉上監國於肇慶府十八日卽帝位改明年爲永歷元年以府署爲行在
追崇端王爲端皇帝上太妃尊號王氏曰孝正皇太后馬氏

日慈寧皇太后立妃王氏爲皇后
加丁魁楚兵部尚書東閣大學士瞿式耜吏部尚書東閣大
學士封潯梧總兵李明忠武靖伯
時紹武建號於廣州遣兵爭三水式耜署兵部事出禦之總
督林佳鼎率舟師輕進敗沒於峽口報至肇慶百官皆逃
竄上亦奔梧州皇太后賢明通書史固辭羣臣不欲令其
子稱帝至是召科道李用楫程源（癸未進士江津人）等詰責之已
知閣部師全諸臣皆伏地請罪奉上再下肇慶然地勢單
弱人心震動乃遣靖江伯嚴雲從扈三宮之桂林
十二月十五日北兵破廣州二十五日事聞上駕小艇上西

峽

永歷元年丁亥正月癸卯朔上駐蹕梧州知府陸世廉爲上集役夫北淩府江丁魁楚棄上走岑溪大學士李永茂丁丑進士永城人晏日曙壬子舉人新喻人原承天副使太僕田芳等走博白李用楫先差交趾瞿式耜妾媵衆多逗遛梧江惟左都御史王化澄甲戌進士金溪人原廣東巡撫戶部尚書吳炳翰林朱天麟方以智庚辰進士桐城人文選郎中吳貞毓癸未進士宜興人給事中唐鍼張起御史程源中書吳其靁洪士彭掌錦衣事馬吉翔扈蹕

二月上至桂林以吳炳方以智爲東閣大學士

北帥李成棟盡銳而西直抵平樂桂林震動有余龍者故江

上盜也萬餘衆出没甘竹灘廣州之陷建義者多從之其
勢益振是月焚北船百餘于東莞遂突廣州北撫佟養甲
堅壁不出檄成棟還師禦之
三月瞿式耜自梧江至議上幸武岡州而自留守桂林加式
耜太保中極殿大學士封桂伯
方以智棄妻子入山爲僧（以智爲僧在庚寅冬兩粵再破時也法名宏智號無可此時入天雪苗耳）
上發桂林以王化澄吳炳典閣務
兵部右侍郎張家玉（癸未進士東莞人）舉人韓如璜建義攻東莞北
令鄭霖開門以應李成棟率水陸師至家玉棄城以舟師

屯杜槢村村近新安北令走家玉令諸生陳大赤領縣事

兵科給事中陳邦彥亦建義於高明使其門人馬應房以舟

師圍順德李成棟敗余龍於黃連應房迎戰死之

四月上至武岡州

以嚴起恒爲東閣大學士辛未進士紹興人原任蘄州副使

湖南湖廣流寇曹志連王朝俊等數十人來歸悉賜五等爵

晉何騰蛟天啟辛酉舉人貴州人楚巡撫總制世襲定興侯駐衡州堵允錫

丁丑進士宜興人巡撫駐長沙聲勢頗振

張家玉使張元榮陳瑞圖拜表於上進家玉兵部尚書提督

嶺東軍務右副都御史

北兵破杜槢村韓如璜死之家玉引兵入新安李成棟圍新安家玉棄城間道走博羅

七月大學士陳子壯（萬歷己未探花廣東南海人）建義於九江村與陳邦彥攻廣州不克先是邦彥結降北廣州衛指揮楊可觀楊景燁爲內應又收花山盜三千人僞降北以守東門約以是月之七日三鼓內外並起而子壯先期以五日舟師薄城謀洩佟養甲捕楊可觀等誅之并誅花山盜之守東門者時城內兵力單弱養甲登城見旌旗蔽江嘆曰其死於是乎左右曰與坐而死毋寧爲戰死養甲奮勇出戰發巨礮以擊陳舟舟遂退北風大作養甲乘風追之子壯大敗

於白鵞潭李成棟亦自新安至子壯退保九江村又棄九江入高明與監軍道麥而炫知縣朱實蓮嬰城固守邦彥亦退會清遠指揮白曹燦反正迎邦彥邦彥帥師赴之張家玉破博羅

八月二十四日北兵逼行在先是楚鎮劉承允用迎鑾功封安國公與中人王坤交關迫脅主上皇太后刺血寫詔召駐劄古泥商邱伯侯性入衛侯性時挂古泥口總兵銜耳上自武岡蹕過古泥宮眷衣食皆乏絕性聞之往來迎駕供給敉辦上及三宮服御及宮人衣服一切皆備三宮德之乃口授商邱伯後又晉性祥符侯性遺部將謝復榮奉上及三宮斬關出承允引兵追蹕相距三里復榮請上疾馳而身自斷後抵死力戰與其

卒五百人俱死王家堡上徒步二十里體重足疲不能前
危在頃刻會侯性率兵奄至請上御小轎先發性陣峽口
承允引兵去夜宿羅家店上已兩日不食越五日抵古泥
晉性祥符侯
李成棟用四姓賊鄭昌等爲導至高明城外殺朱實蓮於南
門樓陳子壯麥而炫被執
二十七日李成棟圍博羅穴城置砲轟發之雞鳴城陷張家
玉走增城圍之
九月十日李成棟救增城家玉札三營於城外成棟令杜永
和闖可義分攻之城內亦突圍出戰將士死數千人無降

者火藥盡家玉乃與諸將痛飲夜投濠水而死成棟又以水陸二萬事清遠城破陳邦彥猶率兵巷戰力屈赴水北兵出之檻送廣州陳子壯至廣州臨刑罵不絕口麥而炫從死是日佟養甲命何吾騶黃士俊李覺斯葉延祥王應華伍瑞隆闞捷先陳傑等觀之養甲問諸公畏否皆鞠躬曰畏亦有攺容詫曰眞忠臣眞忠臣又數日而陳邦彥及總兵曹天奇至亦罵而死陳子壯張家玉陳邦彥事雖不成然牽制李成棟使不得西上而翠華得以苟安桂林武岡之間者三人之力也

十一月上至象州欲幸南寧爲新興伯焦璉亂兵所阻復返

桂林百官幾欲散去大學士嚴起恒吏部左侍郎吳貞毓
以間道扈三宮入南寧
十二月上至桂林靖江王亨歅迎上而泣瞿式耜嚴起恒爲
相
賊將郝搖旗降於督師何騰蛟封永城伯賜名永忠避北師
從衡州奔桂林欲入城式耜拒之
永歷二年戊子正月丁酉朔上在桂林
二月二十三日夜郝永忠斬關而入刼上於寢裸體置之城
外細縛百官掠其財貨而去馬吉翔爲上具袍服襆被而
行

三月十日上至南甯扈蹕者大學士嚴起恒馬吉翔兵部尚書蕭琦給侍中吳其靁洪士彭許兆進尹三聘等七八人耳

柳潯二府爲慶國公陳邦傅所據不貢賦稅行朝資用乏絕大學士嚴起恒乃署吏部開選於邕城二十四土州檳榔鹽客樂戸皆列官籍

四月乙未皇子生

十日李成棟以廣東反正遣洪天擢丁丑進士歙縣人原任湖廣驛鹽道潘曾緯辛未進士漢陽人李綺三人齎奏請駕幸肇慶成棟在北有大功而受佟養甲節制心不能平故所收兩廣印信不下五

千顆獨取總督印藏之一愛妾揣知其意勸之舉事成棟撫几曰如松江百日何成棟嘗帥松江其孥帑在焉妾曰我敢獨富貴乎請先死君前以成君子之志遂自刎成棟哭曰我乃不及一婦人密與布政使袁彭年僉事張調鼎謀之輦金十萬賂要人以取孥帑之在松江者事將發而金聲桓以南昌變聲桓逆流以攻贛州贛帥高進庫故與平伯高傑兄子也求援於粵佟養甲命成棟往布政移餉八萬兩成棟逼餉彭年故不發由是得以爲辭時歲大旱羣盜滿山成棟陰結其渠魁謂養甲曰贛旦暮亡粵又冦深如此嶺外斷不可保彼聲言復衣冠三字耳盍姑許之

以靖亂乎養甲計猶豫未有所決成棟故令羣盜偪城下呼聲動天以怵之養甲出示安民成棟請權停順治年號養甲乃於榜尾但書甲子成棟既得此榜而已所出示直書永歷二年養甲見之愕然業已無可如何兩司官諷養甲以印授成棟成棟下令兵民解辮而以所藏印印表文上之詔封養甲襄平伯兵工二部尚書成棟惠國公袁彭年爲左都御史

金聲桓藏表佛經中亦遣使至聲桓故左良玉之部曲隨良玉子夢庚降附俾守江西督撫以其降將輕之從之取賂不得聲桓私居嘗改胡服督撫因言前朝舊將皆不可用

聲桓使人寘之中途得其書置酒召巡撫以書示之即於座間殺巡撫而反正詔封聲桓豫國公兼兵部尚書遣吳貞毓以吏部尚書兼左都御史使李成棟

自兩省反正士人輻輳而至王化澄復相朱天麟戊辰進士崑山人爲東閣大學士晏清己未進士黄岡人原廣東水利僉事爲吏部尚書張鳳翼兵科兼翰林院張佐宸文選司郎中黄雲袞行人潘駿觀兵部主事龎天壽掌司禮監曾經出仕僉曰迎鑾游手白丁詭稱原任六曹間署數間添註幾滿此外更有白劄部劄欽劄欽劄者皇帝用寶劄官不涉吏兵二部下廣之費大畧皆出諸此

八月癸巳朔上至肇慶李成棟迎於百里外儲黃金千兩白金十萬及綵紵以備賞賚政無巨細受成於成棟

詔贈陳子壯東閣大學士兼吏部尚書番禺侯謚文忠張家玉少保武英殿大學士兼吏部尚書增城侯謚文烈陳邦彥兵部尚書謚忠愍

十月十日佟養甲代祭興陵端皇帝陵上令李元允磔之江中養甲密表於北成棟搜得之

十二月成棟率師出南安面奏南雄以下事諸臣任之庾關以外事臣獨任之

當是時朝臣各有黨與自廣州來者吏部侍郎洪天擢大理

寺卿潘曾緯學道李綺（三人爲李成棟親信）兵部尚書曹燁（辛未進士歙縣人）工部尚書耿獻忠通政使司毛毓祥（丁丑進士武進人）爲一黨自廣西來者嚴起恒王化澄朱天麟王輔臣吏部尚書晏清侍郎吳貞毓給事中吳其靁洪士彭雷得復尹三聘許兆進張起等爲一黨自各路來者左副都御史劉湘客禮部尚書劉憬吏科都給事中丁時魁兵科都給事中金堡戶科都給事中蒙正發禮科都給事中李用楫吏部文選司郎中施以敬光祿寺卿陸世廉太僕寺卿馬元禮部儀制司郎中徐世儀爲一黨翰林陳世傑驗封司郎中吳以進給事中李貞御史高賚明太僕寺少卿楊邦翰職方司

郎中唐元楫以廣東人又爲一黨然行朝之權盡歸於李元允元允本姓賈爲成棟義子以守舍留肇慶朝士爭趨其門其尤甚者謂之五虎袁彭年爲虎頭丁時魁爲虎尾蒙正發爲虎矢劉湘客爲虎皮錢謙益薦舉劉湘客金堡爲虎牙廣東一省大小官員非奉成棟咨不得擅除桂林平樂則瞿式耜爲政慶遠柳州則焦璉爲政潯南思太則陳邦傅爲政而通政司上疏陳乞職者猶日以千計內閣票擬只有着議具奏四字選司掌銓亦無出選之地徒有空名而已

永歷三年己丑正月庚申朔上在肇慶

十三日大學士朱天麟罷陳邦傅故潯梧參將也冒功封富

川伯又以迎駕封思恩侯李成棟反正先疏入告進爵慶國公官其子曾禹至右副都御史駕過潯州邦傅挽留月餘求守潯州如瞿閣部故事上不許許以居潯梧而致賄於誥勅中書張孟光使以守字易居字爲言者追改然邦傅進疏則直稱世守當李成棟未反正時邦傅潛通降表以故爲成棟所輕兵科給事中金堡承風旨劾之邦傅辯疏皇上蒙塵二年並無一衛兩衙門何今日議論紛紛若是以臣爲無兵無將請卽遣金堡爲臣監軍以觀臣十萬鐵騎天麟票擬金堡從來朕亦未悉着卽會議丁時魁堡之黨人也怒曰堡論邦傅請卽監紀堡又論郝永忠若請

其頭亦與之耶率科道官十六人直入丹墀大聲疾呼繳印於內閣上方燕語聞變震驚翻茶沾服急諭諸臣照舊供職天麟即日罷相然天麟但言會議固未嘗出金堡於邦傅也第金堡往日臨清受官於李賊發其從來是所深忌耳

二十八日起舊輔黃士俊何吾騶入直

三月七日李成棟何騰蛟敗問至當金聲桓之反正南都震動乘流而下鮮不克矣乃爲聲桓謀者以甯庶人失策于一往使新建伯得制其後故聲桓兵先贛州贛帥高進庫謂之曰吾不動以待汝汝得南都則吾以贛下聲桓不聽

急攻之久之而各省援師集於南昌李成棟方欲夾攻贛州聲桓之攻贛者首尾牽制失利而返高進庫以方勝之師還拒成棟成棟退走信豐兵潰不可制成棟斷後策馬渡河馬不勝甲而沈兵部尚書張調鼎監軍道姚生文俱死於亂兵成棟死而金聲桓亦亾

何騰蛟開府於長沙之湘潭縣湖南北列十三鎮多以降將爲之時叛時服騰蛟仁愛有餘而雄斷不足諸將跋扈不用命北兵至湘潭不守遂見執被害于大步橋下

詔贈何騰蛟湘中王李成棟寧夏王進李元允車騎將軍封南陽伯

四月孫可望遣龔鼎（癸未庶吉士永昌人）獻南金名馬移書求親王名號初張獻忠伏誅其勁旅尚有四部曰孫可望李定國劉文秀艾能奇皆去獻忠僞號自稱將軍可望平東定國安西文秀撫南能奇定北而奉黔國公沐天波以討定諸夷可望年差長又稍知文墨故位第一定國以能次之文秀與能奇又次之然實等夷無統屬已而能奇死其將馮雙禮主其營事可望籠之以術既兼兩部浸浸欲自大當諸軍之從貴陽入滇也貴州不置一守有皮熊者以其軍入之報稱恢復黔省進爵貴國公駐平越大學士王應熊還自京師開幕府於遵義有王祥者爲所委任應熊死而祥

據遵義亦進爵至忠國公各疏告行在言今之入滇者爲張賊餘孽名雖向正事豈革心朝廷毋爲所惑然兩帥接壤時相搆釁亦不能有所効力及滇使至朝廷以爲不可不行封賞金堡言祖制無異姓封王者於是遣武康伯胡執恭以侯爵往封執恭者紹興人私計滇兵强甚且欲自結於孫可望謂春秋之義大夫出境有可以安社稷利國家者專之可也乃矯詔封可望爲秦王可望亦知其僞具疏辭金堡蒙正發皆劾執恭罔上朝議大譁然不可但已乃改封荆郡王賜之國姓曰朱朝宗定國曰李如靖文秀曰劉若琦而可望終冀秦王言臣惟一意辦賊成功之日

始敢議及封爵耳定國文秀亦辭賜名可望雖不受爵然
已張皇其稱土司之懾服軍威者進修貢獻已儼視王禮
行事沐天波亦謙讓不敢以公爵均敵滇土畧定而北師
下沅張先壁侯天爵退師黔境可望遣許世臣詣行在請
出師陳義慷慨有爲上言者曰不若賜之璽書直云皇帝
致書秦王則前此葛藤斬斷方可使之盡瘁也上從之可
望卽具疏謝恩

五月四日慈寧皇太后垂簾召何吾騶金堡爲之解釋先是
正月堡參吾騶謂與司禮監夏國祥此呼彼應有若桴鼓
皇太后恐吾騶不安其位故解之

六月左都御史袁彭年去位彭年生母死不肎丁憂慈寧皇

太后以祖制所無不許

七月李賊部曲之降于何騰蛟也李過號一隻虎賜名李赤心封爲興國公高必正封爲郧國公嘗名忠貞騰蛟死爲大學士堵允錫所撫湖南北旣失赤心等由郴桂徑趨梧州欲入廣東允錫力主其議李元允曰我輩做韃子時公不來復廣東今反正後乃來爭廣東乎皇上在此他來何爲允錫語塞而止

八月黃士俊何吾騶罷時臺諫横甚金堡等以李元允爲東援瞿式耜爲西援嚴起恒爲內援焦璉爲外援朝政一手

握定動輙白簡政府惴惴充位疏未上先商票擬政府置府簿以待之任其改削二一輔入直以來彈章盈篋至是罷歸

九月嚴起恒獨相

是年封朱成功爲延平王閩海始用永歷年號

永歷四年庚寅正月乙卯朔上在肇慶

北兵破南雄七日報至百官爭竄家丁沿途殺人

九日上登舟十三日解維李元允留守肇慶

二月甲申朔上至梧州駐蹕水殿

戸部尚書吳貞毓詹事府禮部右侍郎郭之奇兵部左侍郎

程源右侍郎萬翺禮科都給事中李用楫戶科右給事中
張孝起吏科給事中朱士鯤戶科給事中李日煒御史朱
統鏑王命來陳光允彭佺合疏論袁彭年金堡丁時魁蒙
正發劉湘客罪奉旨彭年反正有功免議餘下錦衣獄五顯
廟權掌衛事張鳴鳳鞫之嚴起恒請對於水殿不得入復
之
率諸臣伏沙灘求免刑程源立舟側揚言曰金堡即昌宗
之寵方新仁傑之袍何在兩語便當萬死其聲達慈寧舟
中蓋堡嘗駁御史吕爾璵奉旨疏有云臣何人也爾璵何
人也以仁傑之袍賭昌宗之裘志士猶爲怏怏顧肆言無
忌也獄具堡邊遠時魁附近各充軍終身湘客正發徒三

年各贖上登位三年至是始見聲色

上憂東事急調鄖國公高必正赴援五月十三日高必正與興平侯黨守素率兵自梧州來朝李元允亦自肇慶來時嚴起恒已去三帥請手勑往平浪追還慈寧皇太后垂簾召三帥賜對元允伏地請死曰金堡等非臣私人果有罪皇上何不處之於端州今若此是臣與堡等為黨也向以封疆急不敢請罪今事稍定請正臣罪上慰勉再三曰卿大忠大孝朕不疑卿元允曰皇上既不疑臣何故以處四臣之故賜臣勑書令臣安心辦事乎皇太后曰卿莫認金堡等是好人卿如此忠孝他卻謗卿謀反元允曰說臣謀

反還是有本還是面奏還是傳言上不答必正曰皇上重處堡等是也但處堡等之人不如堡等處堡等之後亦無勝於堡等之事皇太后曰只須封一事豈非金堡誤國諸臣皆不敢對

孫可望自賜璽書之後儼然親藩體統凡諸軍悉曰行營設立護衛曰駕前車自稱曰孤曰不穀文書下行曰秦王令旨各官上書曰啟稱李定國劉文秀曰弟安西李弟撫南劉其下稱之皆曰國王皮熊在黔畏其相逼遣官李之華通好稱盟可望致書云貴爵坐擁貔貅戰則可以摧堅銳守則足以資保障獨自不肖有司罔知邦本征派日煩民

生日蹙黔中乃兵出之途寧有救災恤鄰之念以爲假道長發之舉若滇若黔總屬朝廷封疆留守留兵無非綢繆糧糗惟欲與行在聲息相通何可有一毫私意於其間若祗以一盟了局爲燕雀處堂之計非不穀所望於君子矣熊得書愈懼避之苗寨黔中院司道官會請前軍都督白文選入省可望下教安定之遂下平越收其軍令所屬文武呈繳濫劄武職加授總制參遊文職加授監軍督餉部卿僉憲槩行裁革

王祥烏合六七萬分爲三十六鎮與滇兵一戰於烏江河而大潰走死眞州遂下遵義

九月北帥孔有德將攻桂林諸將望風而遁城陷大學士瞿式耜兵部侍郎張同敞不屈死之

十月瞿式耜遺表至云本月五日開國公趙印選傳塘報知嚴關已陷在城衛國公胡一清寧遠伯王永祚綏寧伯蒲纓武陵侯楊國棟寧武伯馬養麟俱遁城中一空酉刻督臣張同敞從江東泗水過江至臣寓臣謂同敞子無留守之責可以去同敞正色曰死則俱死耳即於是夜明燈整襟而坐六日辰刻噪聲始至靖江府前再一刻直至臣寓臣與同敞危坐中堂不動忽數騎持弓刀突至執臣與同敞而去時大雨如注臣與同敞從泥淖中行至則孔有德

已坐王府靖江父子亦以守國未曾出城業已移置別室臣等見有德不拜有德亦不强以溫言諭臣等降臣與同敞曰吾二人已辦一死於爾兵未至之前正以死於一室不若死於大庭耳明日被害當被執之時式耜欲入與妾訣同敞牽臂止之曰徒亂人意耳遂行廣州亦先四日爲北帥尚可喜所破

上登舟幸潯而陳邦傅叛上初過潯邦傅留之月餘欲挾之以自重至是乃謀刼駕

十二月上舟衝雨而過不及發百官鹵簿之舟在後者邦傅刼之文武墜水死者董英許玉鳳潘駿觀邦傅以上鹵簿

僭陳營中

十六日上幸潯州戸部侍郎陳圭來迎

二十八日駐蹕南寧

永歷五年辛卯正月乙酉朔上在南寧升殿受朝賀

十日祀太廟

詔東閣大學士兼吏兵二部尚書文安之督師經畧楚豫賜

上方劍便宜行事

二月孫可望遣滅虜將軍賀九儀總兵朱養思張明思張勝

等入衞

楚雄道楊畏知自滇中來朝詔進東閣大學士入直辦事

張勝敍嚴起恒以吳貞毓爲東閣大學士
三月三宮上田州二十五日賀九儀修行宮爲上駐蹕
四月朔祀太廟
十二日慈寧皇太后馬氏崩於田州十四日訃聞十七日成
服二十三日奉安靈於慈寧宮喪禮以日易月
五月十八日勅鴻臚寺頒以大行慈寧莊翼康聖皇太后喪
憂戚之中不遑視政今値服除當面與輔臣商決政事兼
行日講該寺卽傳工部修中極殿翰林院舉堪任日講記
注員名以二十七日舉行
六月上患足疾

七月朔祀太廟十五日中元遥祭祖陵
十八日葬慈甯皇太后於兩江之宋郁山
二十五日陳邦傅引北兵入寇上欲移蹕羣臣以兩江黄茅
瘴癘秋甚於夏宜俟霜降後允之
賀九儀出師柳慶
九月梧州來賓遷江告急二十八日上登舟
十月初七日上幸新甯
十一月李元允等迎駕請幸防城不許
十二月北師犯遷江逼賓州
五日幸瀨灘

七日南寧陷太僕寺少卿丁元相戶部員外郎楊禹甸死之
上登陸焚舟楫踉蹌失次阨躂官員相失將至鎮安會孫可
望遣師討阪朝叛夷總兵高文貴黑邦俊狄三品等相率
阨躂
永歷六年壬辰正月癸酉朔上野次三日至阪朝十一日發
阪朝十二日次富川十三日次沙斗十四日次西洋江十
五日次寶月關十六日至廣南
孫可望遣總兵王愛秀迎駕上言臣以行在僻處孤粤再次
迎請未奉允行然預慮聖駕必有移幸之日所以先遣各
營兵馬肅清夷氛道路無礙廣南雖云內地然界鄰交趾

尙恐夷情叵測臣再思維維安隆所隸貴州普安州滇黔粵三省會區城郭堅固行宮修葺一切糧儲可以朝發夕至莫此爲宜上是之蓋可望兩三年內旣定滇中又復經營黔土至此已有成緒二十五日上發廣南次童卜二十六日次矖利二十七日次鼎貴二十八日次加浦二十九日次那羊三十日次侄堂二月癸卯朔次呼馬二日次扁牙三日次板屯四日次板橋五日次崗沙六日至安隆爲安龍府九日遣太常寺少卿吳之儉賫璽書至滇

五月孫可望分道出師李定國下楚征虜將軍馮雙禮副之劉文秀入蜀討虜將軍王復臣副之以楚地攻戰尤急選

兵俱隸定國

七月四日定國率諸軍克桂林北師定南王孔有德赴火死俘其子庭訓及叛將陳邦傅及其子陳師禹戮邦傅剝其皮可望殺人剝皮者甚眾　先是定國駐軍武岡馮雙禮駐軍寶慶沅靖屢捷大師可乘勝南下而虜有德之躡其後於是令武岡諸營出新寧寶慶諸營出祁陽合趨全州分遣西勝營張勝鐵騎右營郭有名率精兵由西延大埠頭便道取嚴關嚴關者所由入桂林之要也征虜將軍馮雙禮更遣前軍都督高承恩鐵騎前營王會武安營陳國能天威營高文貴坐營靳統武合兵八萬先進兵至驛湖猝遇北騎萬

餘南師迎戰斬其驍將李四北師遂奔南師遂薄全州定國統右軍都督王之邦金吾營劉之講左協營吳子聖武英營廖魚標鐵騎左營卜甯合兵十萬繼進聞驛湖捷報傳令全州日無急攻懼其奔逸并力於桂林也令未至而全州已下定國軍過全城令急過無入馮雙禮率諸軍亦出城合進是時張勝郭有名已至嚴關與大軍相距十里約曰敵至則舉砲傳警毋下關須大軍至始戰薄暮聞砲諸軍擬赴之定國曰無庸俟之寂然蓋有德聞驛湖之敗遣衆數萬馳救全州不意南師已營關上會日且暮退去明日北師至關張勝等傳砲大軍蓐食而前戰於關下北

師鋭甚象僨歸定國斬馭象者諸軍奮勇前進象亦突陣北師大潰斬戮不可勝計天大雷雨橫尸遍野追及於大榕江有德急入桂林閉城而守大軍三日而至城下守陴者皆潰大軍援梯畢登定國下令屯城上有德奔入府中悵然無一言久之曰已矣其妻曰毋慮我不死乃囑一嫗攜其幼子避曰苟得脱度爲沙彌無效乃父作賊一生下場乃有今日耳自縊妾亦縊有德乃放火自刎投火中方提書之發自桂林也其人窮日夜易馬而奔既至貴陽直入殿墀下馬而息僅續卧地不能起探其褱中提書灌以湯藥久之乃甦於是大宴三日疏請封典始議犒師銀八

萬兩已損之六萬已又損之四萬蓋數軍之入楚與蜀也
獨駕前軍可望護衛稱駕前車皆不發駕前軍固選鋒聞桂林之捷
皆生妒心曰北本易殺我輩獨未得一當耳數日後定國
上虜獲惟孔有德金印金冊人參數捆所報官庫財物估
價十一萬餘遂有媒孽其市恩諸軍者往來使命不絕又
多增飾喜怒其間冊封之事行之稍緩
北帥敬謹親王入衡州兵號十萬定國計分其師遣前將軍
張虎取辰州北人分兵往救定國身當衡州遇之湖上始
戰少卻北乘勝追奔南人奇兵間道以搗中堅遂斬名王
十一月二十三日則又傳是日戰斬敵如屠犬豕手不暇

耳駕前軍聞之益輕言北兵不足滅遂議明年春秦王親
出師云
劉文秀之入蜀也善撫郵軍士蜀人聞大軍至多響應於是
重慶敘州諸府縣次第皆復吳三桂迎戰輒敗斂軍以奔
趨保保寧南師追躡其後惟恐失敵討虜將軍王復臣曰
不可我師驕矣而彼方致死以驕兵當死冦能無失乎諸
軍多不然之至保寧復臣又曰毋圍城圍則師分而弱不
從張先璧軍其西南先璧號張黑神軍容耀日然未經大
敵三桂登城望之曰獨是軍可襲乃開門出精騎犯其壘
果驚潰轉戰而南値討虜營討虜爲潰軍所擾又問以水

勢不復支北人乘勝奮擊之復臣手斬數人環之者益眾
乃曰大丈夫不生擒名王豈可爲敵所辱遂以刀自刎北
皆驚歎以爲烈士文秀撤圍而退三桂不敢追曰生平未
見如此勁敵特欠一着耳蓋如復臣所云也報至帝下令
曰不聽謀損大將劉撫南罪應誅念有復城功罷其職閑
住文秀歸雲南諸軍或分守蜀隘或調征楚省所從者不
過百餘人而已
是年李元允往海南招集散亡至欽州爲土兵王勝常所拟
械送廣州不屈而死投屍江中
永歷七年癸巳正月戊辰朔上在安龍府

先是孫可望題請封李定國爲西寧郡王兼行軍都招討馮雙禮爲興國侯奉聖旨所稱封爵事宜依議行於是造設儀衛遣檢討方于寅中書楊惺先賫軍萬金行有日矣是時訛言繁興有傳李定國滋不悅者曰吾奈何受郡王封當亦如國主有傳諸營偶語者曰秦王下長沙即改年號受禪讓而以處劉文秀太過咸曰大功未行厚賞偶敗則膺嚴罰吾等如何苦捐性命又以殺楊畏知立儀注駕前之奉使者多恣睢不法而言之者多獲誅從此內外文武咸怨軍心漸渙不樂爲可望用者衆矣楊畏知者陝人爲楚雄道好言王霸之畧故爲可望所重及朝行在於南寧

上以孫氏之故相之而孫氏反疑其二心於已歸黔以後所言多不從畏知乃佯狂以示不爲孫氏所用又時時醉罵其駕前人可望欲脅之使改命從軍法逆知必有諫者廹諫者入而駕前軍已提其頭至矣可望恨曰楊公死我桓文事不成矣儀注者武爵隆殺體統可望欲以自大其故時等夷者多怨之曰天下尚未定奈何爲此

是月孫可望出師慨然有經畧中原之志其封李定國者詔使已出黔境復追還之曰孤今出師入楚當面會安西大慶宴親奉皇上勅以光寵之而衆益交相論歎以爲此眞項羽之刓刻吝封賞也至有爲定國慮者曰此僞遊雲夢

計耳定國涕泣謂其下曰不幸少陷軍中備嘗夷險思欲立尺寸功匡扶王室垂名不朽今甫得斬名王奏大捷而猜疑四起且我與劉撫南同起雲南戰功具在一旦詿誤輙廢棄於我忌害當必尤甚我妻子俱在雲南我豈得已而奔哉諸營聞之有引軍從之者其不能從者亦咨嗟太息而已

李定國又爲書以謝可望可望不意其奔也悵然久之欲止軍東下然業已督師在道又信駕前言敵殊易殺親履行間欲大立功以服衆心耳諜知敵屯四路口遂欲襲擊之令於軍中曰凡獲敵馬者悉給之時方四月陰雨連延行

三日至四路口敵驚欲潰南軍殊易之甫斬數人便掠其馬敵覘軍亂還而搏戰南軍已不成列退保嵩口可望亦忿定國旣去諸軍有乘是圖之者旣不敢嚴督諸軍前戰諸軍亦以駕前軍奮欲立功不願與併力凡長沙所已復府縣給印諸官悉撤回楚事大變矣

八月始有言當招李定國者南寧鎮朱養恩言之尤切可望終忌定國乃與其下謀起劉文秀文秀聞之單騎入黔私見於可望言已無才不願圖富貴可望强之疏請爲大招討仍密遣之還滇

永歷八年甲午正月壬辰朔上在安龍府

改雲南省爲雲興辰州爲沅興府沅州爲黔興府

詔以劉文秀爲大招討都督諸軍出師東伐

三月二十六日孫可望殺太學士吳貞毓以下一十八人內武臣一人內侍二人上以久不得出與貞毓等謀私以手勅通李定國令之來時左右前後莫非爲可望耳目者馬吉翔發其事窮治撰文何人用寶何人奉使何人上震驚者數日

四月劉文秀至黔可望祭旗纛畢執爵授文秀文秀言某伏願皇上洪福國主威畧諸將士智勇庶幾一日克敵恢復中原若某下劣誠恐不勝

五月七日孫可望以軍出按沅靖諸營徧觀險隘勞恤軍吏

十日而畢

七月擇吉由平越進屯於天柱

永歷九年乙未正月丙戌朔上在安龍府

封李定國爲晉王劉文秀蜀王

永歷十年丙申正月庚辰朔上在安龍府

孫可望將謀刼駕出降李定國舉兵敗之奉上駐蹕雲南改爲滇都

永歷十一年丁酉正月甲辰朔上在滇都

議開緬甸爲省以元江土府爲總督不果

永歷十二年戊戌正月戊戌朔上在滇都

遣使賫璽書從安南出海至延平王朱成功營授張煌言兵部左侍郎兼翰林院學士其餘除授有差徐孚遠隨使入覲由交趾入安龍交趾要其行禮不聽不得過孚遠遂仍返厦門

十月雲南屬府告急

十二月十五日上發滇都時李定國出禦北師請上隨路避兵

永歷十三年己亥正月癸巳朔上野次四日駐蹕永昌

閏正月十五日上發永昌將入緬時文武官尚四百餘人兵士數千人十八日次騰越二十日發騰越二十四遥傳兵

至關三十日次蠻漠

二月壬辰朔次河口水陸分行上以外從舟者六百四十二人從陸者馬九百四十餘匹

十八日土次井梗緬人止之不聽前進

二十四日緬王請大臣問故上遣馬雄飛鄔昌時賫勅書往緬王發神宗勅書對交不同疑其爲僞及見沐國公印信之蓋緬國自萬歷二十二年請救不許遂絕朝貢故所知惟神宗故事也當是時李定國已遣白文選率兵迎駕至噠哇城下距駐蹕五六十里爲緬人隔絕不相聞文選亦拔營而去

三月十七日自沙河口分路陸行者至啞哇對河離城五六里下營緬人疑其奪國率兵出戰殺傷多人餘乃散居邨落通政使朱蘊金中軍姜承德自縊死

五月四日緬王具龍舟鼓樂遣人迎上五日上發井梗七日至啞哇城下次於對河八日駐蹕者梗距城五十里草殿數十間編竹爲城宿衛數百人各官自架竹木以寓

八月十三日緬王請黔國公沐天波往緬人以八月十五日諸蠻來貢使黔國以臣禮見誇耀於諸蠻

九月十九日緬人貢新穀

十月戊子朔頒歷於緬

永曆十四年庚子正月丁巳朔上在緬甸
上日欲出緬幸李定國營定國恐以兵來則緬人致難于上
而在上左右者則又皆偷安無智之徒以此音塵不屬
九月定國迎駕屯於近地奏云前後三十餘本不知曾到與
否今與緬王約何地交割上以答勑付緬人定國候久無
消息復拔營去
是時士君子皆散亡所從惟闒冗一二輩馬吉翔爲大學士
與司禮監李國泰相爲唇齒惟恐定國之至于是牢籠文
武凡欲某職某銜者俱稱門生吉翔國泰合奏大臣三日
不能舉火上怒以皇帝之璽投之吉翔國泰卽椎碎分給

御史任國璽請東宮開講進宋末賢奸利害書上覽一日
國泰惡而去之
永歷十五年辛丑正月辛未朔上在緬甸
二月二十八日鞏昌王白文選密遣緬人賫本至云不敢速
進者恐有害必要緬王送出爲上策數日後距行在六七
十里架浮橋將渡不果
三月有欲殺馬吉翔李國泰奉東宮而出者事覺被害
五月馬吉翔李國泰進宮講書御史任國璽言上年請開講
則遷延不行今日勢如累卵禍急燃眉不思出險而託言
講貫夫日講經筵必須科道侍班議軍情則有皇親沐國

豈翔泰二人之私事哉奉旨着任國璽獻出險策國璽言能主入緬必能主出緬今日事勢如此乃卸肩於建言之人乎

太常寺博士鄧居詔禮部主客司主事王祖望各劾翔泰不省

又傳禮部侍郎楊在講書賜坐在以東宮典璽李崇貴侍立不敢就坐上并賜崇貴坐崇貴曰雖在亂離不敢廢禮今日雖蒙上賜後日將謂臣欺幼主每講崇貴出外講畢而入一日東宮問在哀公何名在不能答

二十三日緬酋弟莽猛白殺兄自立遣人求賀上不許

七月十九日緬人請喫呪水（即盟誓也）馬吉翔李國泰挽百官同往緬人盡殺之松滋王某黔國公沐天波綏寧伯蒲纓皇親王維恭吏部尚書鄧士廉以下二十四人緬人又發兵圍行在上幾自縊被殺者甚眾吉王同妃自縊宮人命婦縊者不下百人盡刼其所有而去

二十一日緬人復修理草殿奉上居之曰此事非關吾國因汝各營在外殺害地方犯眾怒耳

十一月十八日上召都督同知鄧凱入宮謂之曰太后病矣未知骸骨得歸故里否又曰白文選未封親王馬寶未封郡王吾負之滇黔百姓因我師在彼苦了多年今又不知

作何狀

十二月三日緬人請上移蹕皇太后皇太子同行二更渡河始知其爲北人也明年壬寅二月十三日至滇城蒙塵之後事祕不知崩日崩所或曰北人扈至某驛夜半聞上怒罵卽殂落之辰也鈕琇記吳三桂縊之貴陽府或曰後同太子絞死雲南城三說未知孰是

史臣曰越閩之事方國安以累敗之餘鄭芝龍以黿鼉魚鼈之民而欲使新造之唐魯以力征經營天下此必不得之數也惟帝當李成棟金聲桓之反正向非高進庫梗之於贛州陸世儀江右紀變稱楊與柯非高進庫也則其勢必合合則江左偏安之業成矣逮夫李定國衡州之捷蹶名王天

下震動此萬歷以來全盛之天下所不能有功垂成而
物敗之可望之肉其足食乎屈原所以呵筆而問天也

行朝録五

光緒十九年徐氏鑄學齋雕本
山陰薛炳校

行朝錄卷六

餘姚黃宗羲

章貢失事

隆武二年丙戌三月二十四日江西吉安府失守督師萬元吉都憲陳賡兵曹王其宖議列柵守張家渡而潰兵勢不可止陳賡收散亡入贛萬元吉退守皂口惟安遠汪起龍兵三百人時蘇觀生以閣部督師于贛冏卿李陳玉楊仁愿兵垣楊文薦兵曹范六吉周遠待詔劉秀鑛皆請發師援皂口觀生止發新威營二百人元吉以監紀程亮督之下守綿津灘楚師曹志建以二十人至一夕即噪而去

四月六日北師至新威營先潰汪兵繼之元吉未數日竟奔
回贛贛城倉皇爭竄元吉欲殺其妾之出署者人心乃定
十一日楊文薦自任守城命中書范康生乞師于南雄舊贛
督李永茂遣副將吳之蕃遊擊張國祚率粵兵五千人至
十四日北師至贛閣部蘇觀生率所部退守南康北勢方張
滇粵諸軍先後至南康者以數萬計皆怖恐莫敢卽下
二十九日閣部楊廷麟自雩都力促新撫閣總及張安各營
兵四萬餘至贛江撫劉廣允自寧都召募二千人亦至未
經一戰俱以五月一日先後潰散劉廣允被執所失士馬
器械無算此後援兵益不敢前萬元吉陳賡多方鼓舞

六月十五日吳之蕃張國祚兩營奮勇出戰與北師相遇於
李家山九牛之間數戰皆捷北師疑援兵大至遂撤城下
之圍退屯水面之蕃國祚亦退守南康時贛州守城已閱
兩月奉詔勞苦改名忠誠府加楊文薦右副都御史
二十四日汪起龍率師數千滇帥趙應選胡一清率師三千
南安同知劉清名引兵三百蘇觀生部下遣師三千粵帥
餘卒三千楊廷麟收散亡數千大司馬郭維經侍御姚奇
允召募滇閩兵八千閣部丁魁楚部下遣師四千先後至
營於城外不下四萬餘人皆欲一當敵先是中書袁從諤
召募砂兵三千人銓曹龔棻兵曹黎遂球出募水師四千

人留滯南安萬元吉以爲必待水師之至并力一戰安危在此一舉王其宖曰今水涸不能泛巨舟且其帥羅明受故海盜也桀驁不馴龔黎二公如慈母之奉驕子豈能如約八月二十三日將至北師以是夜截之於江上焚巨舟八十餘兵士被殺者數百羅明受遁去舟中火器皆落北人列營無不喪氣二十八日北師破廣營二十九日破滇營自是東南城外遂無一卒

九月三日攻西門北人將登元吉文薦縋死士格墮之

九日北人據南康

滇廣諸營既潰人無固志皆稍稍引去城中所留者汪起龍

罷卒三百人汪國泰金昌振四百餘徐日彩新招贛人二百餘郭維經部下三千餘城外惟水師後營黃志忠二千餘而已內外既單弱給事中萬發祥及王其宖招集鄉勇爲不得已之計而參將趙之亘擁衆萬餘於雩都粵西狼兵八千踰嶺亦不即至贛人登陴日久勉强支吾旦夕

十月三日城內有縋城出者北人獲之以爲鄉導夜由小南門而上鄉勇猶巷戰久之四日黎明北人大至城上發砲皆裂遂陷楊廷麟投水死萬元吉出城登舟已而歎曰一城人吾殺之也巾幘赴水死郭維經入嵯峨寺焚死此外翰林院兼兵科給事中萬發祥太常寺卿兼守道彭期生

吏部主事龔棻御史姚奇允兵部主事于斯昌周瑚王其宖黎遂球柏常青柳昂霄魯嗣宗錢謙亨戶部主事林珽中書舍人袁從諤劉孟鞫劉應泗贛州推官署府事吳國球同知王明汲臨江府推官胡縝知縣林逢春監紀通判郭寧登鄉官盧象觀舉人劉日佺萬典明馬芝貢生楊廷鴻黃尙實胡國偉王所管聲元戴紱諸生戢之輝朱長應賴尙祐劉斯鍋等數十人不死於兵火則自罄投水耳此篇全用范康生所記。

史臣曰贛州之守與死者皆三百年以來國家之元氣也萬元吉清苦絕倫而自用頗專楊廷麟志節之士而

見事遲聽言不廣郭維經稱下士而遴才太監龐天壽三人爲政然皆承平賢者扶危定傾殆非其所長也

行朝録六

光緒十九年徐氏鑄學齋雕本

山陰薛炳校

越中徐氏刻本

行朝錄卷七

餘姚黃宗羲

舟山興廢

舟山四面皆海元爲昌國州昔越王句踐欲置吳夫差於甬句東即此地也今并入寧波之定海設參將一員以鎮之崇禎間黃斌卿爲其地參將三年斌卿號虎癡福建興化衛人少隨其父於京邸流落不能歸後以恩例當授把總苦於無貲有妓劉氏助之得辦劉氏乃爲其妻妬死自參將陞江北總兵南都既亡遁歸

隆武即位斌卿得附勸進上言舟山爲海外巨鎮番舶往來

饒魚鹽之利西連越郡北綽長江此進取之地也上善之
封爲肅虜伯賜劍印率兵屯舟山得便宜行事復上疏乞
周崔芝自副斌卿爲人猜忌而崔芝慷慨下士來者多歸
崔芝由是與斌卿不合而歸
乙酉出師窺崇明戰敗以周瑞援得還軍斌卿怯於大敵而
勇於害其同類
丙戌副使荆本徹至舟山屯小沙墺斌卿率鄉民殺之本徹
松江建義兵敗入海其將士善射斌卿忌之本徹不能輯
士卒所至爲民患斌卿乘民之怒造爲流言民單里從斌
卿攻本徹遂遇害

六月浙東事敗富平將軍張名振扈監國魯王出海投舟山斌卿不納然名振故與斌卿爲兒女姻其兵勢相倚藉甯國王之明王鳴謙至舟山斌卿誘擊之盡併其衆叛將張國柱乃悉定海舟師以攻舟山國柱有弓箭手五百人號驍勇斌卿知陸戰不能勝之使百姓乘城而身率水師出洋力戰三晝夜不能當國柱顧名振之水營將阮進精於水戰以四舟衝國柱營秋濤方壯乘之發砲無不糜碎國柱僅以身免乃劫世子元妃而去斌卿得其樓船百號聲勢益振阮進者嘗爲海中小盜名振拔之使管水營其德名振實甚斌卿妬名振之有是人也以計間之使進背名

振取其船二十艘軍資器械數萬脫歸閩海未幾而有吳勝兆之事

勝兆守松江之北帥也頗懷反正之志吳中失職之士相聚幕中爲之計畫內以招撫之名結太湖義旅外以蠟書求援於海上斌卿猶豫不敢應翰林張煌言御史馮京第俱在舟山勸名振以其兵就約名振諾之時斌卿已進爵肅虜侯其肅虜伯故印猶在名振請即以其印封勝兆爲期四月二十六日丁亥歲勝兆之聚謀者既衆人人謂事成在旦夕肆言無顧忌而所撫之義旅多不就約束欲陵主兵出其上主兵恨之刺骨其未經招撫者亦不忌北人而暱

就之捕之見勝兆勝兆無以自解輒斧質以徇義旅且惑勝兆中變名振渡海至崇明而海嘯樓船喪失八九踉蹌歸舟山煌言京第間道得脫勝兆因海上之失約區畫無序義旅遂刼勝兆斬北官之不從者而勝兆之部曲既與義旅異志又不見海上之兵視湖中所撫其力易制於是詹世勳矯勝兆之命召義旅次第入斬之畢而執勝兆北人雜治其獄陳子龍侯岐曾沈廷揚徐式穀戴武功皆死之有周長吉者亦牽連入案北人鞫之長吉自承與詹世勳謀叛非勝兆也北人併殺世勳

丁亥六月斌卿又殺忠威伯賀君堯刼其貲君堯帥溫州營

賊殺禮部尚書顧錫疇爲衆論所不與溫敗入閩復至溫之玉環山收其魚稅挾重貲來舟山其標將歐與有隙於君堯潛以告斌卿斌卿遣盜殺之中途

十二月攻寧波不克甬諸生華夏屠獻宸楊文琦文瓚董德欽王家勤使人走舟山約斌卿入爲內應斌卿諾之夏等又約義旅之在沿海者王翊具帛書爲偵者所得鄉紳謝三賓又訐夏等以實之夏等入獄而島師始至斌卿固無攻城掠地之力徒望內應之成功已享其利耳樓船泊桃花渡仰視城上絕無動靜北人以大砲擊之即退當事詰夏之同謀者夏慷慨而對曰此時更有何人無已則太祖

高皇帝祟禎先帝耳當事曰然則汝帛書所謂布置已定者何耶夏曰直爲大言鼓動人心當事利三賓之財亦誣以同謀令夏引之夏曰若謝三賓者齷齪鄙夫莚義之事胡可假之三賓在旁搏顙以謝夏等皆論死華夏妻陸氏屠獻宸妻朱氏楊文琦妻朱氏楊文瓚妻張氏皆自縊死

斌卿既返甚悔其一出刻意爲保聚之計限民年十五以上即充鄉兵男子死妻不得守制田即入官年六十無子者收其田產別給口食初舟山田土大半屬之內地大戸至是不敢渡海盡藉以爲官田官居其二民居其一斌卿之意併欲分其一分如土司之法爲不侵不叛之島夷而已

張名振之喪師而歸也斌卿每事侮之遂去舟山而別營於南田平西將軍王朝先亦失歡於斌卿而別屯於鹿頸兩人皆恨斌卿第孥帑皆在舟山未得間也

己丑七月閩地盡陷監國在沙埕名振往迎之與阮進同扈主於南田旋復建跳所以處監國阮進軍飢恃昔日保全舟山之力以百艘泊舟山告急於斌卿斌卿不應斌卿喜收海盜用之資其刦掠有黃大振者善刦獲番船數萬金以餽斌卿斌卿不饜大振無以應之逃匿朝先所駕危言以動朝先朝先遂與名振阮進合謀上疏監國有旨進討斌卿遣將陸瑋朱玖禦之數戰輒敗求救於安昌王恭梘

大學士張肯堂上章待罪所不敢心以事君者有如水又議和於諸營曰彼此皆王臣也兵至無妄動候處分九月二十四日胥會於海上初皆安堵已而陸瑋朱玫背約出洋阮進等疑斌卿之逃也縱兵大掠斫傷斌卿沉之水中二女從之死

十月監國駐蹕舟山歷庚寅至辛卯八月發舟山九月北師破其城以巴臣興（或作成功）守之

乙未十一月延平王朱成功遣英義伯阮駿總制陳雪之（又作陳六師一作雲之）圍舟山巴臣興降

丙申八月二十六日北師復取舟山阮駿陳雪之俱赴海死

丁酉北人以舟山不可守遷其民過海迫之海水之間溺死者無算遂空其地

史臣曰當閩浙立國之時誠能悉發舟師一屯於舟山一屯於崇明相爲首尾窺伺長江斷其南北之援即需之歲月亦可使疲於奔命矣孫恩徐海以盜賊之智尙能及此而况國家之大計乎逮夫閩浙既亡窮島孤軍亦何能爲以此形勝之地僅以田島結局悲夫

行朝録七

光緒十九年徐氏鑄學齋雕本

山陰薛炳校

行朝録卷八

餘姚黄宗羲

日本乞師

周崔芝號九元福清之榕潭人也讀書不成去而爲盜於海其人饒機智儕輩皆聽其指揮嘗往來日本以善射名與撒斯瑪王結爲父子日本三十六島每島各有王統之其所謂東京者乃國主也國主曰京主擁虚位而一國之權則大將軍掌之其三十六各王則如諸侯之職撒斯瑪王即薩摩於諸島爲最强與大將軍相爲首尾崔芝旣熟日本故在海中無不如意微行至家爲有司迹捕繫獄三年賄

吏得解爲盜如故久之招撫以黃華關把總稽察商船

乙酉秋隆武皇帝加水軍都督副黃斌卿駐舟山

其冬崔芝遣人至撒斯瑪訴中國喪亂願假一旅以齊之存衞秦之存楚故事望之大將軍慨然約明年四月發兵三萬一切戰艦軍資器械自取其國之餘財足以供大兵中華數年之用自長崎島至東京三千餘里馳道橋梁驛遞公館重爲修葺以待中國使臣之至崔芝大喜益備珠璣玩好之物以悅之

丙戌四月遣參謀林籥舞爲使期以十一日東行將解維而斌卿止之曰大司馬余煌書來此吳三桂乞師之續也崔

芝怒而入閩
福州既破鄭芝龍刼衆議降安昌王恭梘尙書張肯堂侍郎
朱永佑忠威伯賀君堯武康將軍顧乃德皆言不可崔芝
涕泣而謂芝龍曰崔芝海隅亡命耳無所輕重所惜明公
二十年威望一朝墮地爲天下笑請得効死於前不忍見
明公之有此舉動也抽刀欲自刎芝龍起而奪之後數日
芝龍竟去
丁亥三月崔芝克海口鎭東二城乃遣其義子林皐隨安昌
王恭梘至日本乞師不得要領而還
戊子御史馮京第謂黃斌卿曰北都之變東南如故并使其

東南而失之者是則借寇之害也今我無可失之地比之前者爲不倫矣斌卿於是使其弟孝卿同京第往至長崎島其王不聽登陸始有西洋人爲天主教者入日本日本倂佛教人務排釋氏且作亂於其國日本發兵盡誅教人生埋於土中者無算驅其船於島口之陳家河焚之絕西洋人往來置銅板於五達之衢刻天主像於其上以踐踏之囊槖有西洋物即一錢之細搜得必殺無赦當是時西洋人復仇大船載砲而來與日本爲難日本講解始退退一日而京第至方戒嚴於外國京第即於舟中朝服拜哭而已會東京遣官行部如中國巡方御史禿頂坐籃輿京

第因致其血書撤斯瑪王聞長琦王之拒中國也曰中國喪亂我不遑卹而使其使臣哭於我國我國之恥也與大將軍言之議發各島罪人京第還日本致中國洪武錢數十萬蓋其國不能鼓鑄但用中國古錢舟山之用洪武錢由此也孝卿假商船留長琦長琦多官妓皆居大宅無壁落以綾幔分爲私室每月夜每室懸琉璃諸妓各賽琵琶中國之所未有孝卿忘其爲乞師而來者見輕於其國其國出師之意亦荒矣

己丑冬有僧湛微自日本來爲蕩湖伯阮進述請兵不允之故且言金帛不足以動之誠得普陀山慈聖李太后所賜

藏經爲贄則兵必發矣進與定西侯張名振上疏監國以澄波將軍阮美爲使上親賜宴十一月朔出普陀十日至五島山與長琦相距一程是夜大風黑浪兼天兩紅魚乘空上下船不知所往十二日見山舵工驚曰此高麗界也轉帆而南又明日乃進長琦凡商船至國例撥小船譏出入名曰班船阮美喻以梵筴乞師其王聞之大喜已知船中有湛微者則大駭初湛微之在日本也長琦島有三大寺曰南京寺中國北僧居之一曰福州寺閩浙廣僧居之一曰日本寺本國僧人居之南京寺住特名如定者頗通文墨國人重之湛微拜其位下湛微之所能不若其師而

狡獪多變乃之一島名賸泉者其島無中國人來往不辨詩字之好與醜湛徵因得妄自高大惡札村謡自署爲金獅子尊者流傳至於東京大將軍見之曰此必西洋人之爲天主教者潛入吾國急捕之以其爲江西僧第逐之過海日本不殺大唐僧有犯法止於逐再往則戮及同舟湛徵欲以此舉自結於是始知爲其所賣也遂載經而返然日本自寬永享國三十餘年毋后承之其子復辟改元義明承平久矣其人多好詩書法帖名畫古奇器二十一史十三經異日價千金者捆載既多不過一二百金故老不見兵革之事本國多忘武備豈能渡海爲人復仇乎即無

西洋之事亦未必能行也

史臣曰宋之亡也張世傑嘗遣使海外某國借兵陳宜中亦身至占城借兵崖山旣陷兩國之師同日至遂不戰而返今日之事何其與之相類耶忠臣義士窮思極計海水不足較其淺深徒以利害相權如余煌者眞書生之見也

行朝錄八

光緒十九年徐氏鑄學齋雕本

山陰薛炳校

行朝錄卷九

餘姚黃宗羲

四明山寨

四明山在漢晉以前通謂之天台其後分裂天台以爲四明葢周圍八百里連山疊嶂谿險之極唐咸通元年裘甫之裨將劉從簡率壯士五百奔至大蘭山據險自守諸將兵攻破之大蘭山卽四明之山心也則四明之爲山寨也舊矣

丙戌六月浙東師潰某時率師渡海規取海鹽海寧二城報至而還十日散遣餘衆願從者歸安茅瀚字飛卿梅溪汪涵

越中徐氏刻本

（字叔度）二帥以五百人入四明屯於杖錫某意結寨固守徐爲航海之計因戒二帥聯絡山民方可從事二帥違某節制取糧近地二十日某令二帥守寨出行旁舍山民相約數千乘二帥不備夜半焚杖錫寺士卒睡中逃出盡爲擊死二帥被焚

丁亥餘姚人王翊王江聚兵於沿海爲黃斌卿內應斌卿攻寗波不克而去翊遂入四明山中

戊子三月破上虞殺攝印官浙東震動北人合兩郡之師由清賢嶺入義師屯丁山以待之待久而弛按甲空弮北師驟馳之義師狼狽失措一時爲所屠者四百人有孫說者

聞丁山敗救之中流矢死直立不仆御史馮京第自湖州軍破亦間行至四明與王翊軍合軍杜嶴守關禡牙軍容甚整北撫勒兵東渡下教鄉聚團練攻杜嶴破之其別部邵伯倫亦見獲京第匿民舍翊以四百人走天台依定遠將軍俞國望翊謂諸將曰是皆團練之罪也北兵雖健我視其鋭則避之懈則擊之非團練爲之向導彼敢行險地如枕席乎然北兵團練豈能相守吾卒雖殘其破團練則有餘力乃自天台至四明擊破鄉聚之團練者隨道收兵至萬餘人而京第亦出

己丑春又破上虞走其知縣得縣印當是時浙東山寨蕭山

則石仲方會稽則王化龍陳天樞台州則俞國望金湯奉化則吴奎明袁應彪皆擄掠暴横而平岡張煌言上虞李長祥又單弱不能成軍惟王翊一旅蔓延於四明八百里之內設爲五營五內司王江則專主餉勸分富室單門而下安堵如故履畝而税人無不樂輸者平時不義之徒立置重典異時巡方訪惡徒爲故事翊所決罰人人稱快浙東列城爲之晝閉胥吏不敢催租縛民惴惴以保守一城爲幸皆薦誠講解翊計天下不能無事待之數年可以爲中原之應也自上虞出東循奉化北師方攻吴奎明奎明力不支而遁北師追奔至河泊所翊猝遇之而戰北師大

敗
六月上駐蹕建跳所分使使山寨拜官授翊河南道御史王江戸部主事左副都御史某上言諸營文則自稱都御史侍郎武則自稱將軍都督未有三品下者主上嘉其慕義亦因而命之惟王翊不自張大僅授御史御史在承平時固爲顯要而非所論於今日諸營小或不及百人大亦不過王翊一部令品級懸殊以之相臨恐爲未便大學士劉沂春禮部尚書吳鍾巒皆以爲然定西侯張名振持之不肯下初諸營迎表皆因名振以達獨翊不關名振名振不樂曰俟王翊之來吾爲上言之也翊朝行在覲其軍容陛

右僉都御史翊曰吾豈受定西侯鈐鍵哉山海久不寗有爲北人謀者曰此皆失職之所致苟招撫而官之鮮有不願解甲者矣會稽人嚴我公知之僞爲告身銀印曰請自隗始遂俾以都御史招撫山海湖州栢襄甫會稽顧虎臣皆降我公將渡海發使者入四明山翊之前營黃中道曰嚴我公動搖山海寗可使之達行在哉烹其使分羹各營敢受招撫者其視此我公踉蹌去

庚寅三月翊朝行在陞兵部左侍郎

八月破新昌拔虎山

九月北師將攻舟山惡翊中梗金帥由奉化入田帥由餘姚

入會師大蘭山帳房三十里遊騎四出以搜伏聽者翊避之於海馮京第以疾不能行匿鶴頂山爲其降將所致害於寧城

辛卯七月翊還山中所留諸將降殺且盡二十四日大星墮地野雉皆鳴爲團練兵執於北溪過奉化賦絕命詩入見海道海道請觀絕命詩授筆於翊其詩結句平生忠憤血飛濺于羣虜書畢擲筆以擿海道而徑出北帥將會定海繫翊以待每日從容束幘掠鬢修容謂北人使汝曹見此漢官威儀也八月三日北帥畢集陳督訊之翊坐地上曰毋多言成敗利鈍天也汝又何知劉帥注矢射之中肩田

帥中頰金帥中脇翊不稍動如貫植木絕其吭始仆從翊者二人亦不跪掠之則跪而向翊北人見之皆泣下曰非獨王公忠也乃其從者亦義士也

其王江之母爲金帥所得以招江江削髮爲僧見金帥於杭問訊而已安置省城母以天年終江買一妾其妻亦日夜勃谿鄰居無不厭之江憐妾而黜遣其妻妻亦攘袂數江登車而去聞者莫不薄其爲人一日江出鄰人以其妾在不疑旣而不返始知向者以術脫其妻也江旣得逸遂與張名振引師入長江登金山遥祭孝陵題詩痛哭丙申江復與沈調倫聚衆四明山聲勢浸衰調倫見獲被害江亦

病創而卒自此十有九年山無事甲寅冬復嘯聚半載而平然皆偷驢摸犢之賊徒爲民害其父殺人報仇其子行刼浸失其傳矣

行朝録九

光緒十九年徐氏鑄學齋雕本

山陰薛炳校

録九　五　越中徐氏刻本

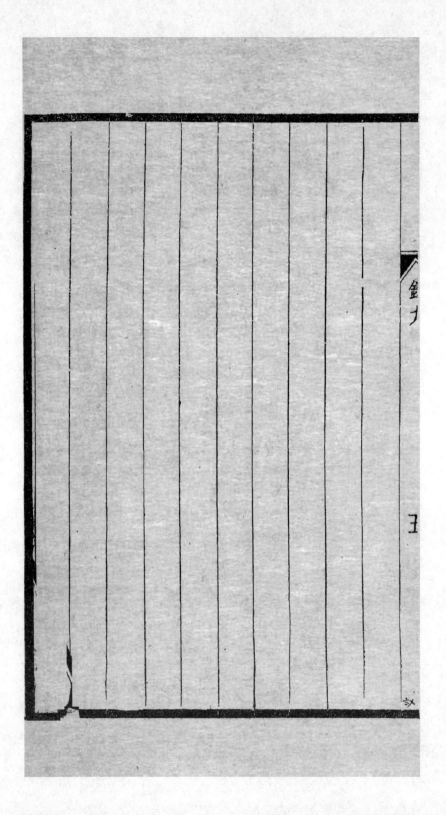

行朝録卷十

餘姚黄宗羲

沙氏亂滇

沙定洲雲南臨安蒙自土舍也父源崇禎間與阿迷普名聲同調征水西名聲妻沙源女也無子江右賈人萬姓者有女故娼也名聲嬖之遂娶爲生子祚遠已而名聲祚遠俱死歸於沙氏破數家最後乃妻定洲定洲之年與其子祚遠相若也定洲遂兼有蒙自阿迷二司以萬氏爲謀主日告許諸土司以兵掠之滇中撫按與黔國公沐天波不能審其曲直兵勢旣盛遂輕黔國可取而代也

乙酉與武定土司吾必奎吾安世約汝以武定叛黔國必調我合兵攻之諸司莫敢難吾者吾必奎如約國公發諸司兵檄蒙自二千定洲以五千赴之至則必奎已擒定洲大失望會黔國公家奴阮韻喜徐中和有異志參將張國用都司袁士宏亦怨黔國公二憾密告定洲許爲內應當是時諸生于朋錫饒布之用事黔府中恣爲不法大横兵官李天植征武定回有二妹殊色朋錫奪之天波旣搞定洲軍疏題參將十二月朔日食天波不受謁二日定洲入謝阮奴伏甲於內沙兵譟於外以誅于朋錫爲名縱火焚府天波持印踰垣出走母陳太夫人配焦夫人弟天澤天淵

皆遇害定洲劾巡撫吳兆元具題言沐天波叛沙定洲起兵定之應以定洲代天波鎮守雲南兆元不可拘之別室奪其印以僞疏入告福京定洲遂行府事

丙戌春發兵圍天波於楚雄天波走永昌以道臣楊畏知留守而四將軍之師自黔入滇定洲大懼截軍彌勒陳隔泥關四將軍以兵五萬突之沙兵大敗四將軍者孫可望李定國劉文秀艾能奇是也皆獻賊部曲張獻忠伏誅去僞號欲迎黔國公以輔王室既入曲靖值隆武皇帝遣太監孫興祖調沙兵入衛四人謂興祖曰朝廷遠不知滇事始末今若徵之是奬亂也不如討平沙逆迎還沐國使之引

錄十　二　八

兵東向與祖然之傳檄至雲南定洲殺故大學士王錫袞
以宵遁
丁亥四月十八日城中人執阮韻喜袁士宏檻送楚雄伏誅
二十四日孫李諸軍入城秋毫不犯定洲據省凡五百五
十日五月李定國率師向臨安庚戌至壬戌拔之改阿迷
曰開遠蒙自曰樂新遣使至楚雄永昌楊畏知猶以流賊
目之六月四將軍入迤西畏知迎戰被執四將軍解其縛
坐以上坐以為同奬王室非有他也俾作書通意於天波
七月土司龍在田許秉淯來降八月十八日兵入鶴慶又
分兵入麗江土知府木懿迎降天波得畏知書猶不敢信

遣其子忠顯至營曰但常守永昌足矣不敢望復故位劉文秀謂諸人曰沐世子來猶國公也請以國公之禮禮世子歸以二十騎送之悉返所得沐氏世寶天波大喜過望二十騎中有兩人歴階而上忠顯視之愕然謂其父曰此卽撫南劉將軍及王將軍某也天波乃同兩將軍還滇車裂于朋錫徐中和以謝國人文秀隨引兵討佴革竜佴革竜者定洲之老巢也有九山最險崗名溪鳥其外巢曰大莊夷目黑老虎據之其戰口銜雙刀手舞大刀所向無前文秀圍之久不下定國益兵往誅黑老虎十月四日崗人多出降遂破之執定洲萬氏以歸磔之

史臣曰沙亂由於萬氏滇人疑其爲夏姬乃獻俘魋墨奇醜莫不大笑嗟乎亡國者何必褒姒驪姬哉

行朝錄十

光緒十九年徐氏鑄學齋雕本

山陰薛炳校

行朝録卷十一

餘姚黃宗羲

賜姓始末

朱成功者鄭芝龍之子也母爲夷女原名鄭森宏光時入南京太學聞錢謙益之名執贄爲弟子謙益字之曰大木丰采掩映隆武皇帝卽位入朝年纔二十一上奇之賜今姓名俾統禁旅以駙馬體統行事封忠孝伯

初芝龍之爲盜也所居爲泉州之東石其地濱海有李習者往來日本以商舶爲事芝龍以父事之習授芝龍萬金寄其妻子會習死芝龍乾沒之遂召募無賴爲盜於海中久

之而所得不貲崇禎中受巡撫沈猶龍招撫芝龍娶日本長琦王族女爲妻凡爲日本贅壻者例不得歸惟芝龍挈其妻還東石遂爲富人甲於全閩第宅縱橫數里猶龍毋生日進珊瑚高尺餘飾以珠龍金盤猶龍嘆賞復進一枝製生犀黃金爲甲每出則百餘人如一人莫辨其孰爲芝龍也時南安有苟戇惠安有劉香皆稱富强苟戇先亡香恃衆不就撫朝命芝龍討之戰於五虎門外之定海所芝龍力不敵香而弟芝虎勇甚望見香乘大艦指揮兵士以輕舟超艦而上直前取香左右皇急莫敢縱兵香亦勇格虎兵器墮之遂徒手而搏相持入海皆死芝龍既併其衆

勢益强盛江右鄒維璉爲巡撫思欲衰之然無以爲計也宏光時封南安伯及勸進隆武封平虜侯進平國公北兵入福州芝龍退屯安海樓船尚五六百艘乃爲洪承疇所誘必欲降附諸將多不從成功痛哭而諫芝龍意不可回單騎北去芝龍既降其家以爲可免暴掠遂不設備北兵至安海大事淫掠成功母亦被淫自縊死成功大恨用夷法剖其母腹出腸滌穢重納之以斂

丙戌十二月朔成功會文武羣臣於烈嶼設高皇帝神位定盟恢復

丁亥仍稱隆武三年移於南澳勤王者遠近至軍聲頗震五

月於厦門中左所設演武場七月合定國公鄭鴻逵軍圍
泉州之桃花山不克十月從大學士路振飛曾櫻議頒明
年隆武四年戊子大統歷用文淵閣印印之
戊子閏三月同安安溪皆下以吏部主事葉翼雲署同安縣
事五月圍南安縣七十日不克而反八月同安破葉翼雲
及鎮將邱進金裕皆死之知永歷皇帝駐蹕廣東之肇慶
遣光祿寺卿陳士京入朝
己丑士京還自行在封成功爲延平王始稱永歷三年六月
漳浦守將納欵
庚寅成功南下

辛卯二月泉州偵廈門單薄襲破之曾櫻自縊諸紳咸避於梧峙成功自南返泉州襲者始退十二月攻漳浦知縣某出降

壬辰正月漳浦守將赫文興舉城降圍長樂縣北督陳錦來援敗之二月復平和詔安南靖三縣進圍漳州府縣七月七日陳錦爲其內司李進忠等五人所刺以其首來降八月刑部侍郎王虞石至自五指山言隆武帝在彼爲僧繼而遣使至廈門一時故臣皆不能決九月北師金帥援漳島師失利

癸巳二月五指山復遣使來存問諸臣使言隆武帝今離五

指山駐平遠縣將起兵故臣乃具公疏請勑驗示卒不可
得五月金師以萬騎攻海澄遇伏大敗六月島師南下會
潮州守將郝尚文反正以定海李孟敳署太守事其屬縣
潮陽惠來相抗成功赴勦
甲午四月新朝割漳泉惠潮四郡地令島師剃髮不受潮州
復陷十一月發水陸師應西寧王李定國於粵東十二月
朔復漳州府漳屬十縣降者九獨龍巖不下馬泉屬七縣
降者六
乙未正月破僊遊攻凡半月四月援粵之師失利統軍者黃
梧降級五月祭旗大演陸師戈甲耀日集縉紳觀之六月

祭海大演水師九月南征破揭陽海澄普寧三縣命峻揭城毁澄普十一月舟山巴臣興舉城降發師已三月阻風至是方抵城下十六日北帥再遣使議和

丙申正月還十一日始頒永歷十年大統歷以年前有戎事也台州北將馬信棄其城納降於舟山二月降將馬信馮用張洪德俱抵厦門謁成功五月十日粤師失利歸斬其將蘇茂閏五月改厦門爲思明州六月二十四日黄梧以海澄叛知縣王元士從之協將康雄不從斷其手得縋城出七月五日以勇忠侯陳某爲思明州守成功率師北伐奪閩安鎮斬北將胡希孔生擒百七十餘人二十三日戰

於南臺奪橋又明日戰於橋北再勝二十八日戰於教場奪馬二十五匹擒延平參將張禮八月四日復連江二十六日舟山陷總制陳雪之英義伯阮駿俱赴海死

丁酉十二月島上火藥局災

戊戌正月行在以璽書通問二月徐孚遠泛海由交趾入安龍交趾要其行禮不聽不得過遂返厦門後厦門破孚遠遁跡爲北帥吳六奇所藏完髮以死海外生一子扶櫬至松江未葬子亦死成功會師浙海以少司馬張煌言爲監軍北伐抵羊山羊山故有龍祠海船過者致祭必以生羊即放於山上久而孳乳日蕃見人了不畏避軍士競逐之

天朗波平怪風猝至海舶自相擊義陽王某溺焉於是
返旆
己亥五月全師北指張煌言以所部義旅爲前驅入江煌言
抵瓜州城下明日成功至北帥出禦滿漢死者千餘乘勝
克其城成功南渡攻鎭江煌言泝長江未至儀眞五十里
吏民迎降六月二十八日煌言抵觀音門成功已下鎭江
水師畢至七月哨卒七人掠江浦取之五日蕪湖以降書
至成功謂煌言蕪城上游門戶倘留都不旦夕下則江楚
之援日至控扼要害非公不可七日煌言至蕪湖傳檄郡
邑江之南北相率來附郡則太平寗國池州徽州縣則當

塗蕪湖繁昌宣城寧國涇縣南寧南陵太平旌德貴池銅陵東流建德石埭青陽虹縣巢縣含山舒城廬江高淳溧陽建平州則廣德無爲和陽凡得府四州三縣二十四而下游之常鎮屬縣亦待時而皆爲降計其時有大帥單騎而逃飯於郁店店惟一老嫗大帥惶遽問曰今代何如老嫗不知其爲大帥也合掌向之而謝曰聞殺北人盡矣大帥不敢飯而去金陵亦欲議降未定而諜知島師疎放樵蘇四出營壘爲空士卒釋冰而嬉用輕騎襲破前屯成功倉猝移帳質明軍竈未就北師傾城出戰兵無鬭志島師大敗總兵甘輝等死之成功遂乘流出海并撤鎮江之師

煌言趨銅陵與楚師遇兵潰變姓名從建德祁門山中出天台以入海

成功之敗而歸也以厦門單弱方謀所向中途遇紅夷船一隻其通事乃南安人謂成功曰公何不取臺灣公家之故土也有臺灣則不患無餉矣臺灣者海中荒島也崇禎間熊文燦撫閩值大旱民飢上下無策文燦向鄭芝龍謀之芝龍曰公第聽某所爲文燦曰諾乃招飢民數萬人人給銀三兩三人給牛一頭用海船載至臺灣令其芟舍開墾荒土爲田厥田惟上上秋成所獲倍於中土其人以衣食之餘納租鄭氏後爲紅夷所奪築城數處曰臺灣曰雞籠

曰淡水此外又有土城數十處臺灣之城亂石疊高數丈厚丈餘用火煆之化爲石灰融結一塊其門戸澎湖澎湖水淺地勢低下海船至此須易船而入故險而易守成功往攻臺灣至澎湖適遇水漲竟以海船渡之直抵城下城中紅夷不過千餘人他皆鄭氏所遷之民也以大砲擊城城堅不受砲灣民導之曰城外高山有水自上而下繞於城濠貫城而過城中無井泉所飲惟此一水若塞其水源三日而告困矣成功從之紅夷乞降遂以大船遷國成功王其地辛丑卒子錦嗣甲寅三月福藩耿精忠反稱裕民元年招朱錦入據漳泉猶稱永歷二十八年不受耿氏節

制與耿氏戰互相勝負戊午精忠降淸錦於庚申仍歸臺灣癸亥錦卒子克塽嗣立年十二歲不能統領其衆兵潰降於淸得授世爵云

史臣曰鄭氏不出臺灣徒經營自爲立國之計張司馬作詩誚之曰中原方逐鹿何暇問虹梁曰圍師原將畧墨守亦夷風曰寄語避秦島上客衣冠黃綺總堪疑曰只恐幼安肥遯老藜牀皂帽亦徒然即有賢乎鄭氏者亦不過儕之田橫徐市之間某以爲不然自緬甸蒙塵以後中原之統絕矣而鄭氏以一旅存故國衣冠於海島稱其正朔在昔有之周厲王失國宣王未立召公周

公二一相行政號曰共和共和十四年上不係於厲王下不係於宣王後之君子未嘗謂周之統絕也以此爲例鄭氏不可謂徒然矣獨怪吾君之子匿於其家而不能奉之以申大義於天下某聞海外尚多人物當必有說以處此

行朝錄十一

光緒十九年徐氏鑄學齋雕本

山陰薛炳校

行朝錄卷十二　坿載

江右紀變　太倉陸世儀道威述

金聲桓者關東人左良玉之總兵也乙酉春寧南臥疾其子夢庚舉兵內向以清君側爲名破九江屠之寧南憤死四月猝遇清師夢庚以兵降聲桓與焉已而英王以夢庚北去用聲桓爲總兵江西王體忠副之王體忠者故闖賊帥也河南人少美姿容善騎射闖賊愛之予以兵所向無敵至是闖賊戰敗於潼關師盡潰體忠降因以爲副聲桓見體忠而喜甚結爲兄弟因以兵循江西時江西自省垣而外多堅守不下鄉紳之倡義協力者亦所在團結楊廷麟

萬元吉守吉安扼西路傅鼎銓揭重熙守建昌扼東路尤稱嚴辦金王一一皆擊破之殺益王至八月剃髮令下聲桓率兵士皆剃髮時體忠方徇傍邑歸馬上裹涼幘簪金珀簪顧盼自矜聞剃髮令下甚愠有不奉法意時聲桓與體忠坐南北察院開便門通往來相去不數武聲桓乃邀體忠議事體忠以二十騎往與聲桓議不合聲桓伏兵殺之裂其尸爲五二十騎遂入格鬥殺數人二十騎亦死體忠之兵通營皆譟兩營合鬭於南昌城中砲箭所及傷居民無數縱火焚民居幾千百家先是體忠徇吉安獲七象遂以象兵巷戰象兵所至人馬皆辟易而是日七象遇金

兵輒伏地頓鼻不敢動王兵氣奪且失主帥遂開門散聲
桓以王兵驍勁敢戰恐其爲後患命有能招體忠兵者以
其職與之體忠軍中有小帥王德仁其髮種種號王雜毛
素驍勇遂以其兵歸聲桓納之啟爲副帥與俱鎮江西時
新建有諸生殷國楨者氣節士也不從剃髮令乃以帶繫
髮鬖鬖覆腦後南走閩中上書隆武帝乞勅書劄印日夜
馳四方所至連結山澤忠義之士凡數千百人與王德仁
部下王禹門契厚日夜說禹門反正禹門復說德仁德仁
亦心動而未果會遼人章于天撫江西性貪鄙金王兩帥
入謁拒不見納金而後見之兩帥頗不安四年丁亥按臣

董來尤貪鄙無狀金王往謁門者入啟董呵曰彼劄委總兵耳吾自朝廷來未聞彼姓名奈何入謁金王恐遂益納金而德仁者其所部曾殺益王得王府金寶無算董故知之尤謾罵德仁德仁納黄金千兩董猶未饜具疏聞於朝擬斥之撫臣微洩其言於聲桓聲桓被酒語德仁曰汝禍將至矣盍避諸德仁請故聲桓不答德仁固以請聲桓爲道其實德仁大驚急還營選輕騎一日夜馳三百里獲其承差殺之以疏歸德仁遂決意反正爲酒召聲桓聲桓至德仁語之故聲桓猶豫德仁遂令軍中曰凡與我同心反正者去其髮辮軍中皆盡去須臾髮積如山聲桓不得已

與德仁謀曰若果爾將安歸德仁遂召禹門謀南向時閩中隆武已敗散帝於廣者永歷也禹門率國楨上聲桓平南大將軍豫國公印德仁建武侯印皆黃金方廣五寸聲桓意遂決亦命衆去髮辮執按臣殺之因撫臣凡滿人之在城者殺皆無赦舉義旗稱永歷二年旬日之間合郡響應時戊子正月二十八日也聲桓料其衆凡八十餘萬人以舊紳姜曰廣爲閣部其謀所向時警報至江寧守臣皆震恐失色江南北人心岌岌欲動或謂聲桓今日之事宜乘不備地方守禦義師可辦將軍當自簡合郡精甲以全力直下金陵則金陵必破即未必破而大江南北必有起

而肆應者則事機可集矣聲桓不聽謂贛州爲兩廣咽喉兩廣不通終無根本昔年王守仁擒宸濠之事可鑒乃使人南攻贛時守南贛者乃高傑舊將楊與柯也見聲桓等稱公稱侯謂宜有封爵相及卒得檄文乃大怒謂吾輩舉大事寧不值一片紙乃欲降虜相待我與若輩皆同伍今汝懸斗大將軍印我降將爲汝麾下士耶焚其書固守不應聲桓大怒將攻之或又謂此其將欲邀賞爵之故也宜急予勿吝聲桓謂始事不可以示怯卒命德仁率兵十萬往攻南贛時德仁所部士往往多銀鎧以金飾額狀若天神馬肥卒強道旁觀者莫不嘆羨以爲中興可立俟也德

仁既去聲桓在南昌或又謂宜出兵畧地聲桓不許惟日糾簡鄉壯時鄉壯皆民間無賴子弟聞義旗起皆相率團聚以圖富貴鄉邨坊落凡有富名輒借名索餉恣啖酒食及聲桓下令料簡俱集城中一時軍令嚴迫莫敢擅取民間物而所招集之人初無餘貲聲桓又不發餉數日之後漸見飢疲有散去者而曰廣諸人素不習兵事聲桓亦無遠畧識者已知其不能有爲矣而德仁攻南贛不克聲桓恐遂自發兵攻之南昌留其大廳宋奎光居守初金王之殺滿人也有騎而脱者不數十日至北都北都遂疾發兵使譚固山名泰督之凡三千皆精騎風馳至江右屯七里

鋪去南昌止七里而向來欲動之人心皆持疑不發大廳宋亦能軍與北來兵戰兩戰皆小捷殺北兵數十人聲桓有兄金大欲獻城大廳宋覺之執訴於聲桓之母斬而懸其頭於城人心稍定已而聲桓自贛歸欲入城大廳宋謂之曰吾殺爾兄吾未知爾心如果能爲明者汝當與清戰戰捷之後可相見也聲桓遂與清戰亦殺北兵數十人遂開門入而聲桓自此無鬬志矣未既德仁亦自贛歸併力固守時城中兵號四十萬精甲尙數萬譚固山聞之亦爲嚙指或謂金王宜悉衆出攻背城借一而所部兵俱富無鬬志惟日居城中搜括金帛子女犒宴爲樂金王之子弟

親戚皆爲顯官稱將軍侯伯不一城外兵漸集攻具益備金王不得已乃商出戰而兩營莫肯先乃議同日出金營步兵居前爲火攻營劉一鵬兵皆持筅背復火箭後行持火繩出戰次第皆然若敵騎來突則筅如林立不可犯亦勁卒也繼之爲王營馬兵而聲桓德仁則率諸營兵爲後勁至清兵所屯營將二里聞營中寂無聲王兵易之分劉帥步兵居兩旁而馬兵徑撲其營則空營也急抽兵欲歸而城中方發兵出繼兵多不能速出又爲歸騎所衝壅塞不成行列清以精騎休道旁民舍中乘其亂猝擊之五騎爲一攢四面橫突矢發如雨遂大潰金王兵出不意不能

成列砲矢皆不得發鎗皆竪擎束手莫展死者十餘萬人是役也蓋以城中議戰累日不決聲聞於外故清得爲備云而清亦慮城兵勁乃仿李克用擒存孝法築長圍攻之陸路爲長濠三道皆驅兵起土即累土爲城晝夜圍守其臨章江處驅民折屋伐木爲撒星樁以鎖江流亦三道上蓋水板藉以泥草人馬通行城中坐視莫敢出矣惟日望四方之救令日廣作書與其門生故吏時聲桓所部將散守各郡者尚有七副總而各山忠義之士亦所在屯聚皆觀望莫肯救間有送糧至城下者皆爲清兵擊卻城上惟日望見塵起火箭交射砲聲四擊少頃寂然則兵散而歸

矣有郭天才者亦金副將所部步兵皆長鎗敢戰獨率衆至南昌城下數與清兵相持凡數十戰撓其長圍邀之入城以無後援且城中莫有應者終敗沒長圍遂合自五月至七月城中飢窘斗米數十金相顧無策有遊僧摩訶般若者自言有神術不用甲兵惟選十四五童子手持長香念波羅密賊不戰自敗金王與曰廣俱信之稱爲國師未幾出兵不戰而走殺童子無數城幾破德仁又惑武都司之女疏於兵事有孝廉某者國變卽剃髮爲僧人皆稱其有王佐才時亦在城中金王乃奉爲盟主羅拜求策孝廉日今日之策當於死中求生耳而諸將卒皆以金帛妻子

故莫肯戰誠能下令俾諸將卒皆焚金帛殺妻子併力出
鬬猶或有生路不然吾不能爲若謀也金王諸之令出諸
將卒皆怒欲殺孝廉孝廉辭去而城下之圍益急城中飢
甚大率自十月後皆殺人爲食矣呼人爲雞有孤行者輒
攫去烹食棄骸於道顱骨皆無完者食腦故也有獻策者
謂宜遣飢民出降使就食可通外間聲援而清師獲飢民
輒殺之獲兵皆不殺使周呼於城曰生路絕矣汝曹皆有
父母妻子何苦同盡盍出降譚固山待吾以不死也兵益
懈發火器者皆不用鉛彈清兵周急攻之凡兩晝夜砲聲
不絕內復有應者清兵遂攀堞而登聲桓遂赴水死德仁

日廣皆被殺殷國楨者受永歷劄爲兵部職方郎聯絡各山以金王被圍乞師於寧州寧州副將鄧東陽亦金部將也誘而執之見譚固山不屈死南昌遂陷時己丑正月十八日也自始事至此凡一載南昌合郡之民死者數百餘萬初聲桓之殺王體忠也江右列郡義師所在屯守海內之衆不便於剃髮者如鼎斯沸聲桓不乘此時反正而顧與德仁宣力効忠誅鋤忠義至三年之後大勢畧定乃以小忿猝起圖功又不能奮臂疾呼作大江南北之氣而退爭庾嶺示弱天下首鼠不出坐困孤城爲淮南三叛之續悲夫

傅鼎銓撫州臨川人庚辰進士授翰林院檢討乙酉清兵至江西與同邑丁丑進士揭重熙共起義師守建昌一路與楊廷麟萬元吉爲犄角金王攻克之鼎銓走入廣信山中不能獲鼎銓故學佛四月八日俗稱浴佛日也山中有佛寺是日舉浴佛會鼎銓與焉清諜知之遣騎入山獲其部下士遂蹤跡得之傅作詩云浴佛傳名日孤臣殉節時棘矜羈彩鳳殪犬獲靈麒斷頸玉寧碎剖心山不移爭留巾屨在昭取漢威儀撫按諸臣俱勸之降鼎銓笑不答在獄幾閱月巾服如故朝夕賦詩不輟或欲爲剃髮鼎銓曰待留此與頭俱去疏上得處決旨眾皆爲涕泣鼎銓揚揚如

平常聞吹角聲起日可以行矣語左右我不畏死不可縛衆不敢縛乃徐行至順化門幾數里道旁觀者如堵莫不泣下鼎銓不爲動臨城橋南向再拜行刑者請跪鼎銓叱曰自被獲以來爲誰屈膝者乃今日欲我跪耶行刑者因請坐鼎銓徐諾坐橋上以手整衣領伸頸待刃行刑者俱手顫墮淚

萬元吉字吉人南昌人也乙丑進士初任歸德府推官行取入京後督師楊嗣昌薦舉軍前贊畫宏光時擢兵科乙酉清兵至宏光出亡元吉書西江月數首於南京四牌坊上即南還與楊廷麟同起義師於吉安師敗城陷退守贛州

金王攻克之與廷麟俱不屈而死西江月猶記其二其辭云可惜青山綠水委同白草黃沙羣奸誤國死猶賒有恨杜鵑難化路海魯連辟世歸湖范蠡辭家重來改作別生涯一艇鄱陽東汊又曰壯志寧堪左衽同仇莫賦無衣羊裘獨自上漁磯敢日昨非今是適意魚蝦可友忘機荇藻俱肥浮家無可去來歸慘澹蒹葭秋水

行朝錄十二　終

光緒十九年徐氏鑄學齋雕本

山陰薛炳校

梨洲先生神道碑文　鄞全祖望撰

康熙三十四年歲在乙亥七月初三日姚江黃公卒其子百家爲之行畧以求埏道之文於門生鄭高州梁而不果作既又屬之朱檢討彝尊亦未就迄今四十餘年無墓碑然予讀行畧中固嗛嗛多未盡者葢當時尚不免有所嫌諱也公之理學文章

聖祖仁皇帝知之固當炳炳百世特是公生平事實甚繁世之稱之者不過曰始爲黨錮後爲遺逸而中間陵谷崎嶇起軍乞師從亡諸大案有爲史氏所不詳者今已再易世又幸逢

聖天子蕩然盡除文字之忌使不亟爲表章且日就湮晦乃因公孫千人之請捃摭公遺書參以行畧爲文一通使歸勒之麗牲之石并以爲上史局之張本公之卒也及門私謚之曰文孝予謂私謚非古乃温公所不欲加之横渠者恐非公意故弗稱而公所歷殘明之官則不必隱近觀明史於乙酉後諸臣未嘗不援炎興之例大書也公諱宗羲字太沖海内稱爲梨洲先生浙江紹興府餘姚縣黃竹浦人也忠端公尊素長子太夫人姚氏其王父以上世系詳見忠端公墓銘中公垂髫讀書即不瑣守章句年十四補諸生隨學京邸忠端公課以舉業公弗甚留意也每夜分秉燭觀書不及經藝忠

端公爲楊左同志逆奄勢日張諸公昕夕過從屏左右論時事或密封急至獨公侍側益得盡知朝局清流濁流之分忠端公死詔獄門戶臲卼而公奉養王父以孝聞夜讀書畢嗚嗚然哭顧不令太夫人知也莊烈即位公年十九袖長錐草疏入京頌寃至則逆奄已磔有詔死奄難者贈官三品予祭葬祖父如所贈官蔭子公既謝恩即疏請誅曹欽程李實忠端之削籍由欽程奉奄旨論劾李實則成丙寅之禍者也得旨刑部作速究問五月會訊許顯純崔應元公對簿出所袖錐錐顯純流血蔽體顯純自訴爲孝定皇后外甥律有議親之條公謂顯純與奄搆難忠良盡死其手當與謀逆同科夫

謀逆則以親王高煦尚不免誅况皇后之外親卒論二人斬行畧誤以爲論二人決不待時今據逆案妻子流徙公又毆應元胸拔其鬚歸而祭之忠端公神主前又與吳江周延祚光山夏承共錐牢子葉咨顏文仲應時而斃時欽程已入逆案六月李實辨原疏不自已出忠賢取其印信空本令李永貞塡之故墨在硃上又陰致三千金於公求弗質公卽奏之謂實當今日猶能賄賂公行其所辨豈足信復於對簿時以錐錐之然丙寅之禍確由永貞塡寫空本故永貞論死而實末減獄竟偕同難諸子弟設祭於詔獄中門哭聲如雷聞於禁中莊烈知而歎曰忠臣孤子甚惻朕懷旣歸治忠端公葬事畢肆力於學忠端

公之被逮也謂公曰學者不可不通知史事可讀獻徵錄公遂自明十三朝實錄上遡二十一史靡不究心而歸宿於諸經既治經則旁求之九流百家於書無所不窺者憤科舉之學錮人生平思所以變之既盡發家藏書讀之不足則抄之同里世學樓鈕氏澹生堂祁氏南中則千頃齋黃氏吳中則絳雲樓□氏窮年搜討游屐所至遍歷通衢委巷搜鬻故書薄暮一童肩負而返乘夜丹鉛次日復出率以爲常是時山陰劉忠介公倡道蕺山忠端公遺命令公從之游而越中承海門周氏之緒餘援儒入釋石梁陶氏奭齡爲之魁傳其學者沈國模管宗聖史孝咸王朝式輩鼓動狂瀾翕然從之姚

江之緒至是大壞忠介憂之未有以爲計也公之及門年尚少奮然起曰是何言與乃約吳越中高材生六十餘人共侍講席力摧其說惡言不及於耳故蕺山弟子如祁章諸公皆以名德重而四友禦侮之助莫如公者蕺山之學專言心性而漳浦黄忠烈公兼及象數當是時擬之程邵兩家公曰是開物成務之學也乃出其所窮律厤諸家相疏證亦多不謀而合一時耆宿聞公名者競延致之相折衷經學則何太僕天玉史學則□侍郎□□莫不傾筐倒庋而返因建續抄堂於南雷思承東發之緒閣學文文肅公嘗見公行卷曰是當以大著作名世者都御史方公孩未亦曰是眞古文種子也

有弟宗炎字晦木宗會字澤望並負異才公自教之不數年皆大有聲於是儒林有東淛三黃之目方奄黨之錮也東林桴鼓復盛慈谿馮都御史元颺兄弟浙東領袖也月旦之評待公而定而踰時中官復用事於是逆案中人彈冠共冀然灰在廷諸臣或薦霍維華或薦吕純如或請復涿州冠帶陽羨出山已特起馬士英爲鳳督以爲援阮大鋮之漸即東林中人如常熟亦以退閑日久思相附和獨南中太學諸生居然以東都清議自持出而厄之乃以大鋮觀望南中作南都防亂揭宜興陳公子貞慧甯國沈徵君壽民貴池吳秀才應箕蕪湖沈上舍士柱共議以東林子弟推無錫顧端文公之

孫杲居首天啟被難諸家推公居首其餘以次列名大鋮恨之刺骨戊寅秋七月事也薦紳則金壇周儀部鑣實主之說者謂莊烈帝十七年中善政莫大於堅持逆案之定力而太學清議亦足以寒奸人之膽使人主聞之其防閑愈固則是揭之功不爲不鉅壬午入京陽羨欲薦公以爲中書舍人力辭不就一日遊市中聞鐸聲曰非吉聲也遽南下已而大兵果入口甲申難作大鋮驟起南中遂案揭中一百四十人姓氏欲盡殺之時公方之南中上書闕下而禍作公里中有奄黨首糾劉忠介公并及其三大弟子則祁都御史彪佳章給事正宸與公也祁章尙列名仕籍而公以朝不坐燕不與

之身挂於彈事聞者駭之繼而里中奄黨徐大化姪官光祿丞者復疏糾遂與杲並逮太夫人歎曰章妻滂母乃萃吾一身耶貞慧亦逮至鞫論死壽民應箕士桂亡命而桐城左氏兄弟入甯南軍晉陽之甲雖良玉自爲避流賊計然大鋮以爲揭中人所爲也公等惴惴不保駕帖尚未出而 大兵至得免南中歸命公踉蹌歸淛東則劉公已死節門弟子多殉之者而孫公嘉績熊公汝霖以一旅之師畫江而守公糾合黃竹浦子弟數百人隨諸軍於江上江上人呼之曰世忠營公請援李泌客從之義以布衣參軍不許授職方尋以柯公夏卿與孫公等交舉薦改監察御史仍兼職方方王跋扈諸

亂兵因之總兵陳梧自嘉興之乍浦浮海至餘姚大掠王職方正中方行縣事集民兵擊殺之亂兵大譟有欲罷正中以安諸營者公曰借喪亂以濟其私致干衆怒是賊也正中守土即當爲國保民何罪之有監國是之尋以公所作監國魯元年大統麻頒之浙東馬士英在方國安營欲入朝朝臣皆言其當殺熊公汝霖恐其挾國安以爲患也好言曰此非殺士英時也宜使其立功自贖耳公曰諸臣力不能殺耳春秋之孔子豈能加於陳恆但不得謂其不當殺也熊公謝焉又遺書王之仁曰諸公何不沉舟決戰由赭山直趨浙西而日於江上放船鳴鼓攻其有備蓋意在自守也蕞爾三府以供

十萬之眾北兵卽不發一矢一年之後恐不能支何守之爲又曰崇明江海之門戶曷以兵據之亦足分江上之勢聞者皆是公言而不能用張國柱之浮海至也諸營大震廷議欲封以伯公言於孫公嘉績曰如此則益橫矣何以待後請署爲將軍從之公當搶攘之際持議嶽嶽悍帥亦懾於義不敢有加自公力陳西渡之策惟熊公嘗再以所部西行攻下海鹽軍弱不能前進而返至是孫公嘉績以所部火攻營卒盡付公公與王正中合軍得三千人正中者之仁從子也其人以忠義自奮公深結之使之仁不以私意撓軍事故孫熊錢沈諸督師皆不得支餉而正中與公二營獨不乏食查職方

繼佐軍亂披髮走公營巽於牀下公呼其兵責而定之因爲繼佐治舟使同西行遂渡海劄潭山烽火遍浙西太僕寺卿陳潛夫以軍同行而尚寶司卿朱大定兵部主事吳乃武等皆來會師議由海寧以取海鹽因入太湖招吳中豪傑百里之內牛酒日至軍容甚整直抵乍浦公約崇德義士孫奭等爲內應會　大兵已纂嚴不得前於是復議再舉而江上已潰按是役也正中實以敗歸公爲正中墓表不無溢美予攷正之不敢失其實也公遽歸入四明山結寨自固餘兵願從者尚五百餘人公駐軍杖錫寺微服潛出欲訪監國消息爲扈從計戒部下善與山民相結部下不能盡遵節制山民畏禍潛焚其寨部將茅翰汪涵死之公無

所歸於是姚江跡捕之檄累下公以子弟走入剡中己丑聞監國在海上乃與都御史方端士赴之晉左僉都御史再晉左副都御史時方發使拜山寨諸營官爵公言諸營之强莫如王翊其乃心王室亦莫如翊諸營文臣輒自稱都御史侍郎武臣自稱都督其不自張大亦莫如翊宜優其爵使之總臨諸營以捍海上朝臣皆以爲然定西侯張名振弗善也俄而 大兵圍健跳城中危甚置靴刀以待命蕩湖救至得免時諸帥之悍甚於方王文臣稍異同其間立致禍如熊公汝霖以非命死劉公中藻以失援死錢公肅樂以憂死公既失兵日與尚書吳公鍾巒坐船中正襟講學暇則注授時泰西

回回三麻而已公之從亡也太夫人尚居故里而　中朝詔下以勝國遺臣不順命者錄其家口以聞公聞而歎曰主上以忠臣之後伏我我所以棲棲不忍去也今方寸亂矣吾不能爲姜伯約矣乃陳情監國得請變姓名間行歸家公之歸也吳公棹三板船送之二十里外嗚咽濤中是年監國由健跳至翁洲復召公副馮公京第乞師日本抵長埼不得請公爲賦式微之章以感將士是馮公第二次乞師事公既自桑海中來杜門匿景東遷西徙靡有寧居而是時大帥治淛東凡得名籍與海上有連者即行翦除公於海上位在列卿江湖俠客多來投止而馮侍郎京第等結寨杜嶴即公舊部風波震撼

齮齕日至當事以馮王二侍郎與公名並懸象魏又有上變於大帥者以公爲首而公猶挾帛書欲招婺中將軍以南援時方搜勦沿海諸寨之竊伏與海上相首尾者山寨諸公相繼死公弟宗炎首以馮侍郎交通有狀被縛刑有日矣公潛至鄞以計脫之辛卯夏秋之交公遣間使入海告警令爲之備而不克甲午定西侯間使至被執於天台又連捕公丙申慈水寨主沈爾結禍作亦以公爲首其得以不死者皆有天幸而公不爲之懾也熊公汝霖夫人將逮入燕公爲調護而脫之其後海氛澌滅公無復望乃奉太夫人返里門於是始畢力於著述而四方請業之士漸至矣公嘗自謂受業蕺山

越中徐氏刻本

時頗喜爲氣節斬斬一流又不免牽纏科舉之習所得尚淺患難之餘始多深造於是胸中窒礙爲之盡釋而追恨爲過時之學益公不以少年之功自足也問學者既多丁未復舉證人書院之會於越中以申蕺山之緒已而東之鄞西之海甯皆請主講大江南北從者駢集守令亦或與會已而撫軍張公以下皆請公開講公不得已應之而非其志也公謂明人講學襲語錄之糟粕不以六經爲根柢束書而從事於遊談故受業者必先窮經經術所以經世方不爲迂儒之學故兼令讀史又謂讀書不多無以證斯理之變化多而不求於心則爲俗學故凡受公之教者不墮講學之流弊公以濂洛

之統綜會諸家横渠之禮教康節之數學東萊之文獻艮齋止齋之經制水心之文章莫不旁推交通連珠合璧自來儒林所未有也康熙戊午　詔徵博學鴻儒掌院學士葉公方藹先以詩寄公從臾就道公次其韻勉其承莊渠魏氏之絶學而告以不出之意葉公商於公門人陳庶常錫嘏曰是將使先生爲疊山九靈之殺身也而葉公已面奏

御前錫嘏聞之大驚再往辭葉公乃止未幾又有　詔以葉公與同院學士徐公元文監修明史徐公以爲公非能召使就試者然或可聘之修史乃與前大理評事興化李公□同徵詔督撫以禮敦遣公以母既耄期已亦老病爲辭葉公知

必不可致因請　詔下浙中督撫抄公所著書關史事者送入京徐公延公子百家叅史局又徵鄞萬處士斯同萬明經言同修皆公門人也公以書答徐公戲之曰昔聞首陽山二老托孤於尚父遂得三年食薇顏色不壞今吾遣子從公可以置我矣是時

聖祖仁皇帝純心正學表章儒術不遺餘力大臣亦多躬行君子廟堂之上鐘呂相宣顧皆以不能致公爲恨左都御史魏公象樞曰吾生平願見而不得者三人夏峯梨洲二曲也工部尚書湯公斌曰黃先生論學如大禹導水導山脈絡分明吾黨之斗杓也刑部侍郎鄭公重曰今南望有姚江西望

有二曲足以昭道術之盛兵部侍郎許公三禮前知海寧從受三易洞璣及官京師尚歲貽書問學庚午刑部尚書徐公乾學因侍直

上訪及遺獻復以公對且言曾經臣弟元文奏薦老不能來此外更無其倫

上曰可召之京朕不授以事如欲歸當遣官送之徐公對以篤老恐無來意

上因歎得人之難如此嗚呼公爲勝國遺臣蓋瀕九死之餘乃卒以大儒耆年受知當宁又終保完節不可謂非貞元之運護之矣公於戊辰冬已自營生壙於忠端墓旁中置石牀

不用棺槨子弟疑之公作葬制或問一篇援趙邠卿陳希夷
例戒身後無得違命公自以身遭國家之變期於速朽而不
欲顯言其故也公雖年逾八十著書不輟乙亥之秋寢疾數
日而歿遺命一被一褥卽以所服角巾深衣殮得年八十有
六遂不棺而葬妻葉氏封淑人廣西按察使憲祖女也三子
長百藥娶李氏繼娶柳氏次正誼娶孫氏閣部忠襄公嘉績
孫女戶部尚書延齡女繼虞氏次百家聘王氏侍郎翃女未
笄殉節娶孫氏百藥正誼皆先公卒女三長適朱朴次適劉
忠介公孫茂林忠端被逮忠介送之豫訂爲姻者也次適朱
沆孫男六千人其季也孫女四公所著有明儒學案六十二

卷有明三百年儒林之藪也經術則易學象數論六卷力辨
河洛方位圖説之非而遍及諸家以其依附於易似是而非
者爲內編以其顯背於易而擬作者爲外編授書隨筆一卷
則淮安閻徵君若璩問尚書而告之者春秋日食厤一卷辨
衞樸所言之謬律吕新義二卷公少時嘗取餘杭竹管肉好
停匀者斷之爲十二律與四清聲試之因廣其説者也又以
蕺山有論語大學中庸諸解獨少孟子乃疏爲孟子師説四
卷史學則公嘗欲重修宋史而未就僅存叢目補遺三卷輯
明史案二百四十四卷有贛州失事一卷紹武爭立紀一卷
四明山寨紀一卷海外慟哭紀一卷日本乞師紀一卷舟山

輿廢一卷沙定洲紀亂一卷賜姓本末一卷又有汰存錄一卷糾夏考功幸存錄者也厤學則公少有神悟及在海島古松流水布算簸籔嘗言勾股之術乃周公商高之遺而後人失之使西人得以竊其傳有授時厤故一卷大統厤推法一卷授時厤假如一卷西厤囘厤假如各一卷外尚有氣運算法勾股圖說開方命算測圜要義諸書其若干卷行畧尚有元珠密語其實非公所作其後梅徵君文鼎本周髀言厤世驚以爲不傳之秘而不知公實開之文集則南雷文案十卷外集一卷吾悔集四卷撰杖集四卷蜀山集四卷子劉子行狀二卷詩厤四卷忠端祠中神絃曲一卷後又分爲南雷文定凡五集晚年又

定爲南雷文約今合之得四十卷明夷待訪錄二卷留書一卷則佐王之畧崑山顧先生炎武見而歎曰三代之治可復也思舊錄二卷追遡山陽舊侶而其中多庀史之文公又選明三百年之文爲明文案其後廣之爲明文海共四百八十二卷自言多與十朝國史多彈駁參正者而別屬李隱君鄴嗣爲明詩案隱君之書未成而卒晚年於明儒學案外又輯宋儒學案元儒學案以志七百年來儒苑門戶於明文案外又輯續宋文鑑元文抄以補呂蘇二家之闕尚未成編而卒又以蔡正甫之書不傳作今水經其餘四明山誌台宕紀游匡廬游錄姚江逸詩姚江文畧姚江瑣事補唐詩人傳病榻

隨筆黃氏宗譜黃氏喪制及自著年譜諸書共若干卷公之
論文以爲唐以前句短唐以後句長唐以前字華唐以後字
質唐以前如高山深谷唐以後如平原曠野故自唐以後爲
一大變然而文之美惡不與焉其所變者詞而已其所不可
變者雖千古如一日也此足以埽盡近人規橅字句之陋故
公之文不名一家晚年忽愛謝皐羽之文以其所處之地同
也公雖不赴徵書而史局大案必咨於公本紀則削去誠意
伯撤座之說以太祖實奉韓氏者也厤志出於吳檢討任臣
之手總裁千里貽書乞公審正而後定其論宋史別立道學
傳爲元儒之陋明史不當仍其例時朱檢討彝尊方有此議

湯公斌出公書以示衆遂去之其於講學諸公辨康齋無與
弟訟田之事曰沙無張蓋出部之事一洗昔人之誣蔑禍則
謂鄭鄤杖母之非眞寇禍則謂洪承疇殺賊之多誕至於死
忠之籍尤多確核如奄難則丁乾學以觸死甲申則陳純德
以俘戮死南中之難則張捷揚維垣以逃竄死史局依之資
筆削焉地志亦多取公今水經爲考證蓋自漢唐以來大儒
惟劉向著述强半登於班史如三統厤入厤志鴻範傳入五
行志七畧入藝文志其所續史記散入諸傳列女傳雖未錄
亦爲范史所祖述而公於二千年後起而繼之公多碑版之
文其於國難諸公表章尤力至遺老之以軍持自晦者久之

或嗣法上堂公曰是不甘爲異姓之臣者反甘爲異姓之子也故其所許者祗吾鄉周囊雲一人公弟宗會晚年亦好佛公爲之反覆言其不可蓋公於異端之學雖其有託而逃者猶不肯少寛焉初在南京社會歸德侯朝宗每食必以妓侑公曰朝宗之尊人尚書尚在獄中而燕樂至此乎吾輩不言是損友也或曰朝宗賦性不耐寂寞公曰夫人而不耐寂寞則亦何所不至矣是皆歎爲名言及選明文或謂朝宗不當復豫其中公曰姚孝錫嘗仕金遺山終置之南冠之例不以爲金人者原其心也夫朝宗亦若是矣乃知公之論人嚴而未嘗不恕也紹興知府李鐸以鄉飲大賓請公曰吾辭

聖天子之召以老病也貧其養而爲賓可哉卒辭之公晚年益好聚書所抄自鄞之天一閣范氏歙之叢桂堂鄭氏禾中倦圃曹氏最後則吳之傳是樓徐氏然嘗戒學者曰當以書明心無玩物喪志也當事之豫於聽講者則曰諸公愛民盡職即時習之學也身後故廬一水一火遺書蕩然諸孫僅以耕讀自給乾隆丙辰千人來京師語及先澤爲悵然久之今大理寺卿休寧汪公漋鄭高州門生也督學浙中爲置祀田以守其墓高州之子性又立祠於家春秋仲丁祭以少牢而葺其遺書於祠中因屬予曰先人既沒知黃氏之學者吾子而已予乃爲之銘曰

魯國而儒者一人別其爲甘陵之黨籍厓海之孤臣寒芒熠熠南雷之村更億萬年吾銘不泯

公有日本乞師紀但載馮侍郎奉使始末而于己無豫諸家亦未有言公曾東行者乃避地賦則有曰歷長埼與薩斯瑪兮方粉飾夫隆平招商人以書舶兮七昰緣於東京予既惡其汰侈兮日者亦言帝殺夫青龍返旆而西行兮胡爲乎泥中則是公嘗偕馮以行而後諱之顧畧見其事於賦予以問公孫千人亦愕然不知也事經百年始攷得之

國史儒林傳稾

黃宗羲浙江餘姚人父尊素明天啟間官御史以抗直死魏閹之難宗羲奉母里門畢力著述康熙十七年　詔徵博學鴻儒掌翰林院學士葉方藹欲薦之宗羲辭以疾且言母老十九年左都御史徐元文監修明史薦宗羲辭如初乃　詔取所著書關史事者宣付史館二十九年　上訪求遺獻刑部尚書徐乾學復薦宗羲宗羲仍不出然宗羲雖不在史館而史局每有疑事必諮之宗羲謂明人講學襲語錄之糟粕不以六經爲根柢束書而從事於游談更滋流弊故學者必先窮經然拘執經術不適於用欲免迂儒之誚必兼讀史又謂讀書不多無以證理之變化多而不求於心則爲俗學故

上下古今穿穴羣言自天官地志九流百家之教無不精研所著易學象數論六卷謂聖人以象示人者七有八卦之象六爻之象象形之象爻位之象反對之象方位之象互體之象後儒之爲僞象者四納甲也動爻也卦變也先天也乃崇七象而斥四象又爲遁甲太乙六壬世謂三式皆主九宮以參人事乃以鄭康成太乙行九宮者證太乙以吳越春秋占法國語伶州鳩之對證六壬以訂數學其持論皆有依據孟子師說二卷闡發良知之旨推究事理不爲空疏無用之談亦不盡主姚江之說文集則有南雷文案吾悔撰杖蜀山諸集及詩集後又分爲南雷文定晚年爲文約南雷文定十一

卷文約四卷又著明儒學案六十二卷敘述明代講學諸儒流派分合得失頗詳明文海四百八十二卷彙集明人集二千餘家擷其菁華典章人物燦然具備又深衣考一卷今水經一卷四明山志九卷厤代甲子考一卷二程學案二卷史學則欲輯宋史而未就僅存叢目補遺三卷輯明史案二百四十四卷其明史有三例一國史取詳年月二野史取當是非三家史備官爵世系明史稾出於萬斯同斯同之學出於宗羲也天文則有大統法辨四卷時憲書法解新推交食法一卷圜解一卷割圜八綫解一卷授時法假如一卷西洋法假如一卷回回法假如一卷其後梅文鼎本周髀言天文世

驚爲不傳之秘而不知宗羲實開之晚年又輯宋儒學案元儒學案合之明儒學案以誌七百年儒學源流歸里奉母以老紹興府知府李鐸欲以爲鄉飲大賓宗羲遺書曰宗羲蒙

聖天子特旨召入史館庶人之義召之役則往役筆墨之事亦役也宗羲時以老病堅辭不行　聖天子憐而許之今之鄉飲酒亦奉　詔以行者也若召之役則避勞而不往召爲賓則貪養而飲食術術是爲不忠卒辭之三十四年卒年八十六弟宗炎宗會並負異才有三黃之目子百家

遺獻黃文孝先生傳　餘姚邵廷采撰

先生諱宗羲字太沖號梨洲忠端公尊素長子也忠端公五

子仲宗炎字晦木叔宗會字澤望並有情才著述東林前輩交稱之而先生最晚没學問淵海名冠海內發明蕺山劉子誠意愼獨之說東南學者推爲劉門董常黃幹少補仁和學諸生而端端公以劾魏忠賢客氏死詔獄莊烈皇帝登極誅忠賢收捕奄黨先生年十九袖長錐草疏入京訟冤得賜葬祭贈官錄後再疏請誅曹欽程李實蓋二人受忠賢指論公而爲大理考問公者許顯仁也五月會審顯仁自訴孝定皇后外甥律有議親先生對簿顯仁與魏忠賢謀反引高煦宸濠親王戮社例以錐錐顯仁血流被體卒論立決妻子流三千里又與夏之令子光山夏承周宗建子吳江周廷祚共箠

所頭牢子顏咨葉文仲登時斃六月會審李實李永貞劉若愚三奄中府實辨原疏不自巳出忠賢取空本令永貞塡寫故墨在硃上屬先生所親行賄三千金先生疏首執對墨在硃上賄成也復用錐錐實當是時先生義勇勃發自分一死衝仇人胸賴天子仁明念忠臣遺孤子不加罪會審之日觀者無不裂眦變容當是時姚江黃孝子之名震天下事定還里四方名士無不停舟黃竹浦願交孝子者引光朝阮大鋮起用欲盡殺天下淸流先生幾及于禍浙河監國授兵部職方司主事陞御史左副都御史事敗遺民亡命者多赴先生先生瞿然曰有老母在且先人不可無後乃以俠名江湖耶遂

奉太夫人姚避居山中大啓蕺山書深研黙究以爲世知蕺
山之忠清節義而已未知其學也其學則集有宋以後諸儒
大成聖人復起莫之易也于是作劉子行狀要其指歸之精
微有四一曰靜存之外無動察木之培必于其本省察即存
養中切寔工夫今專以存養屬靜安得不流而爲禪省察屬
動安得不流而爲僞又于二者之間方動未動之際求其所
爲幾者而謹之安得不流而爲雜一曰意爲心之所存非所
發傳曰如惡惡臭如好好色指所存言也如意爲心所發孰
爲其所存者乎豈有所發先所存者乎心無體以意爲體意
無體以知爲體知無體以物爲體物無用以知爲用知無用

以意爲用工夫結在主意中離却意根更無格致可言一曰巳發未發以內外對待言不以前後際言喜怒哀樂即仁義禮智四德非七情也一心耳而氣機流行之際自其盎然而起謂之喜仁也元也春也油然而暢謂之樂禮也亨也夏也肅然而斂謂之怒義也利也秋也愀然岑寂而止謂之哀智也貞也冬也是四氣所以循環不窮者賴有中氣存乎其間而發之爲太和元氣是以謂之中和性之德也人有無七情之時未有無四德之時存發止是一機中和渾是一性一曰太極爲萬物之總名易畫一奇太極之象因而偶之陰陽之象太極即在兩儀四象八卦中理因形氣而立其要歸之愼

獨人心徑寸間空中四達是爲太虛虛故生靈靈生覺覺有主是曰意寂然不動之處唯此不慮而知之靈體故舉而名之曰獨少間見聞情識紛起雜而非獨愼之無及矣可知獨卽意意非念也氣卽理非理生氣也謂理生氣與佛者有物先天地之說何別也武進惲日初仲升氏編劉子節要握先生手曰今日窺先師堂室者唯吾與子議論不可以不一但于意非所發宜稍融之先生不答其爲學不名一家苦身焦思自謂以魯得年二十二讀二十一史日限丹鉛一本家仇黨禍舟車茅店之內手不去編寒夜抄書必達雞唱暑則穴帳通光以避蚊蚋早受先公命就贄蕺山然竟崇禎世一十

七載詩交盟會交遊聲氣去其半及載山夢奠擄簽遴冠圄
影憂讒海蓬山陬饑寒顛踣而後乃一意于師門之學然碑
版記述天官星厤句股王遁夙所精兼未能棄也自言生平
所不作者祝嘏諛柩之文人亦莫敢強康熙丁未復舉郡城
證人書院講會戊申皋比鄞城謂學問必以六經根底于是
甬上遂有講經會先後主海寍紹興講席而所就經術湛深
士以甬上為最雖時文殘說亦知崇本載山先生倡明之功
大為己未庚申累以博學宏詞特舉遺獻薦固辭老病有司
承詔取所論著資裨明史者繕寫宣付史館是時先生年八
十矣歲戊辰自為生壙于先公墓畔諭以死後次日昇致石

牀一褥一被不用棺椁不作佛事七七諸鼓吹巫覡銘旌紙錢紙幡槩去不用作梨洲末命一篇子百家私與宗叔道傳謀曰諸命皆可遵獨不用棺椁一事奈何先生聞之曰噫以父之身不能得之子耶作葬制或問或問送死者棺周于身椁周于棺古今通義也今子易棺以石牀易椁以石穴可乎曰何爲其不可也余覽西京雜記所發之塚多不用棺石牀之上藉以雲母趙岐敕其子曰吾死之日墓中聚沙爲牀布簟白衣散髮其上覆以單被即日便下下訖便掩陳希夷令門人鑿張超谷置屍于中人入視其顱骨重于常人尙有異香古之人行此者多矣問者曰爲其子者從之與曰奚爲其

不從也孝子者于親平日之言無有不從至于屬纊之後世
俗謂之遺囑禮家謂之顧命親之所言從此不得聞矣無論
馬醫夏畦之子不敢不奉以終身不必孝子于此而有不從
則平日之爲逆子無疑矣楊王孫裸葬而子從之古今未有
議其子之不孝者是從之爲是也問者曰子以從親爲孝則
古今無諍子矣曰聖人之爲棺槨以槩天下之人其有不欲
槩者自創爲法亦聖人之所不禁也必以去棺槨爲非禮則
趙岐之孟注不當列于諸經希夷之圖書不當傳于後世矣
使爲子者而欲諍之則是自賢以蓋父也問者曰諍之不可
父死之後陰行古制使其父不背于聖人不亦可乎曰惡是

何言也孝子之居喪必誠必信誠信貫于幽明故來格來享欺僞雜于其間精氣隔絶宗廟之饋食松楸之霜露其爲無祀之鬼矣孟子之禮匡章以其不欺死父也父有不善尚不敢欺父之不循流俗何不善之有顧使其形骸不能自主則棺椁同于敝蓋人亦何樂乎有子也百家遵末命壟化安山用鄭寒邨先生文立石捧土塞曠門爲其卒以康熙三十四年七月年八十六所著孟子師說明儒學案明文案事案明文海南雷文定吾悔集蜀山集南雷詩歷待訪録宋史補遺冬青引西臺慟哭記注行朝録海外慟哭記汰存録思舊録今水經四明山志台宕記遊匡廬行脚錄姚江文畧姚江逸

詩姚江瑣事黃氏家譜喪服制春秋日食厤授時厤故大統
厤假如回回厤假如西洋新法假如律呂新義氣運筭法納
甲納音等皆有成書不下百種納置壙中石几上門人流傳
鈔錄徧行京國私謚文孝先生先是忠端蒙難封太僕卿鯤
溟公在堂先生承養祖父具給鮮旨後敦匠事冒暑重趼道
諸暨購美櫝歸直二百金四弟幼孤身自育敎迄于成立崇
禎庚辰充解南糧連歲奇祲家人環向而泣走黃巖告糴值
遏禁嚴謀于王巖雲倪鴻寶祁世培三君子其事得集順治
庚寅晦木以連染被執將罹大辟先生赤足行氷雪中十指
皆血求救于馮君道濟得胡珠百顆獻之大帥乃得釋丙申

墓祭戴家山閭門爲山寇所縛又求救于沈李二君乃得放歸凡所遭逢皆人所不能堪者叔葆素子木正亦敦志節潛居注易終身冠髮不改一門羣從能行古人之道浙東黃氏他姓罕比焉

論曰余同里親炙黃先生見其貌古而口微吃不能出辭及夫意思泉湧若決河東注頃刻累百千言續屬不絕著述文章大者羽翼經傳細逮九流百氏靡不通貫嘗云余乾坤鑿度象數等書望而不敢卽蓋弘覽博物多得之黃漳海而理學宗蕺山以故雜而不越其爲人有奇氣所交遊勇俠劒客遭運貞元未伸幽憤始終無忘先公詔獄之痛大肆其力于

典墳洎乎髦年而智益明神益強累際辟徵迄不爲名所累
屹然一代學者宗師所謂不得于彼必有得于此者與至全
歸不用棺椁雖非聖人中制然灑然超俗何必同方而議者
謂其毀滅喪紀過矣故具載其或問一篇附楊王孫書之後
焉